Michael Berndt mit Rainer Schäfer

100 LÄNDER, 100 FRAUEN, 100 RÄUSCHE

Meine verrückte Reise um die Welt

Michael Berndt
mit Rainer Schäfer

100 LÄNDER, 100 FRAUEN, 100 RÄUSCHE

Meine verrückte Reise um die Welt

Bibliografische Information der Deutschen Nationalbibliothek:
Die Deutsche Nationalbibliothek verzeichnet diese Publikation in der Deutschen
Nationalbibliografie; detaillierte bibliografische Daten sind im Internet über
http://d-nb.de abrufbar.

Für Fragen und Anregungen:
info@rivaverlag.de

Originalausgabe
2. Auflage 2018
© 2017 by riva Verlag, ein Imprint der Münchner Verlagsgruppe GmbH
Nymphenburger Straße 86
D-80636 München
Tel.: 089 651285-0
Fax: 089 652096

Redaktion: Matthias Teiting
Umschlaggestaltung: Karen Schmidt
Umschlagabbildungen und Abbildungen im Innenteil: Michael Berndt
Satz: Daniel Förster, Belgern
Druck: GGP Media GmbH, Pößneck
Printed in Germany

ISBN Print 978-3-7423-0280-9
ISBN E-Book (PDF) 978-3-95971-748-9
ISBN E-Book (EPUB, Mobi) 978-3-95971-749-6

Weitere Informationen zum Verlag finden Sie unter

www.rivaverlag.de

Beachten Sie auch unsere weiteren Verlage unter www.m-vg.de

INHALT

VORWORT

Zugetraut hat mir keiner etwas. Als ich beschloss, nach Australien wegzumachen, lachten mich alle aus und schlossen Wetten ab, wie weit ich wohl kommen würde. Bis Dresden, das eine Stunde entfernt lag? Oder eventuell sogar ein ganzes Stück aus Deutschland heraus?

Für die meisten war ich Micha, der spinnerte Metzger vom Bauernhof, der gern einen trank und dann den Mund zu voll nahm. Selbst mein Vater war sich sicher: »Stehst eh in drei Tagen wieder da.«

Cunnersdorf liegt in Sachsen im Landkreis Bautzen, ein Dorf mit wenig mehr als fünfhundert Einwohnern, einer Hauptstraße, um die sich die Bauernhöfe und Häuser gruppieren, mit einem Feuerwehrhaus und einem Kindergarten. Eingebettet wird Cunnersdorf von Wiesen, Feldern und Wäldern, die von Hochsitzen bewacht werden. Alleen führen durch die hügelige Landschaft, deren Stille nur selten gestört wird – etwa wenn im Steinbruch Grauwacke abgebaut wird und die Detonationen herüberschallen.

Die Höhepunkte im Dorfleben sind schnell aufgezählt: Immer an Karsamstag findet das Osterschießen statt, dabei werden mit einer explosiven Chemikalie die Deckel von massiven Milchkannen gesprengt, ein uralter Brauch, mit dem der Winter vertrieben werden soll. In unserem Jugendclub steigt jedes Jahr eine Russen-Party mit Pelmeni, aus Sibirien stammenden Teigtaschen, Wodka und sauren Gurken. Alle tragen dann die Armeeklamotten, die jeder von uns im Schrank liegen hat. Und am Vatertag ziehen alle Männer mit dem Fahrrad von Kneipe zu Kneipe und trinken sich Mut an für das Finale, bei dem sich eine Stripperin im Feuerwehrhaus unter lautem Gegröle auszieht.

In Cunnersdorf kennt jeder jeden, und wenn einer mal Hilfe braucht, springt man für den anderen ein. Am Stammtisch wird wie überall politisiert, es sind immer dieselben Argumente und Floskeln, die drehorgelhaft zu hören sind. Natürlich sind die Ausländer schuld, die anders sind und nicht nach Sachsen gehören, sie sind schuld an allem, was irgendwie schiefläuft. Meine Eltern hielten sich da zurück, die Politik war, wie sie war, und was sollten ausgerechnet sie daran ändern? Aber sie hatten genaue Vorstellungen, wie sich anständige Leute benehmen sollten. Man musste arbeiten und sich nichts zuschulden kommen lassen. Nur nicht auffallen, das war das oberste Gebot.

Einer der Bauernhöfe im Dorf gehört noch heute meinen Eltern, hier bin ich aufgewachsen mit zwei Dutzend Ochsen, Schafen, Gänsen, Enten, Karnickeln, Hühnern und Hunden. Es gab immer was zu tun, die Tiere mussten versorgt und irgendwann geschlachtet werden, das war auch der Grund, warum meine Eltern mich drängten, Fleischer zu lernen. Meine Eltern hatten alle Hände voll zu tun, um über die Runden zu kommen – der

Bauernhof allein konnte uns nicht ernähren, das lohnte sich von Jahr zu Jahr weniger.

Deshalb ging mein Vater zusätzlich als Schlossermeister arbeiten für eine Tiefbaufirma. Morgens um vier stand er auf, schaute zuerst im Stall nach seinen Ochsen und ging dann zur Arbeit. Anschließend sah man ihn wieder bei den Rindern. In diesem Rhythmus hat er irgendwann aufgehört, viel mit uns zu reden. Er schuftete ohne große Worte und legte viel Wert darauf, möglichst unabhängig zu sein. Wir waren Selbstversorger, der Hof lieferte Fleisch und Kartoffeln, und wir waren auch stolz darauf, dass unsere Schnitzel in der Pfanne nicht um die Hälfte schrumpften wie die Fleischimitate aus dem Supermarkt. Wir saßen zusammen, die Füße unter Vaters Tisch, und meine Mutter trug auf, am liebsten das Fleisch aus dem eigenen Stall. Unter der Woche Schwein, Huhn und Rinderbraten mit Kartoffeln und Karotten. Und am Wochenende kochte sie nach altem Familienrezept ihre Rouladen.

Ich bin der mittlere von drei Söhnen, die 1983, 1984 und 1987 zur Welt kamen. Mein älterer Bruder ist Elektriker, der jüngere arbeitet in einer Behindertenwerkstatt. Die beiden waren zufrieden, wenn man sie in Ruhe ließ. Ich war derjenige, der am meisten aus der Reihe tanzte. Mit dreizehn fing ich an zu kiffen und zu trinken, mit vierzehn ließ ich mir das erste Zungen-Piercing stechen und die ersten Tattoos, die ich vor meinen Eltern verstecken musste. Meine kleine Rebellion gegen die gutbürgerlichen Verhältnisse musste sich im Verborgenen abspielen.

Mit siebzehn verließ ich die Mittelschule, und ich wusste nicht, was ich anfangen sollte. Meine Eltern sind einfach mit mir zum

Schlachter gegangen im Nachbardorf Bernbruch. Der schaute mich nur kurz an und meinte: »Nehm ich, kann ich gebrauchen.« Von allein wäre ich wohl kaum Schlachter geworden. Aber es war mir egal, ob ich schlachten ging oder nicht. Anfangs hatte ich ganz schön zu kämpfen. Ich war nicht sonderlich kräftig und sollte Schweinehälften tragen, sechzig Kilo schwer, und Rinderhälften, die noch mal zwanzig Kilo mehr auf die Waage brachten. Rückwärts knallte ich mit meiner ersten Schweinehälfte auf den weiß gekachelten Boden, die anderen standen in ihren blutverschmierten Schürzen um mich herum und feixten. Am nächsten Tag ging ich nach der Arbeit ins Fitnessstudio, um schnell Muskelmasse aufzubauen. Morgens um vier musste ich hoch, oft war ich bis abends um acht in der Metzgerei, danach stemmte ich Gewichte im Kraftraum. Und am Wochenende arbeitete ich auf unserem Bauernhof weiter. Das alles war eigentlich nur auszuhalten mit einem ordentlich gerollten Joint.

Irgendwann kam ich in der Metzgerei zurecht und wuchtete auch die schweren Rinderhälften durch die Gegend. Ich war zäh, konnte zupacken und entwickelte Ehrgeiz, wenn ich etwas erreichen wollte. Schlimm waren nur die Montage, wenn ich verkatert Därme reinigen musste, aus denen der Geruch von Scheiße drang – dann musste ich raus an die Luft und reiherte, bis mir die Galle hochstieg. Manchmal kam mir die Fleischerei wie ein Gefängnis vor. Wir hatten nur ein einziges Fenster, sechzig auf sechzig Zentimeter, das den Blick nach draußen auf den Garten und die Villa unseres Chefs freigab.

Wir waren im gefliesten Schlachtraum abgeschottet und sahen keinen Sonnenstrahl. Im Winter war es kalt, und im Sommer lief uns der Schweiß in die Gummistiefel. Schlachten ist ein Knochenjob, die Älteren bekamen Rheuma und Gicht wegen der Kälte, dazu kam noch die Sauferei. Wer in die Rente ging, hatte nicht mehr viel vom Leben.

Unter Metzgern gilt das Sprichwort: »Hängt das Schwein an der Leiter, geht es im Keller weiter.« Und zwar an der Flasche. Als Metzger habe ich richtig angefangen zu saufen. Da wurde ständig abgeschmeckt, Grützewurst, Leberwurst, alles ziemlich fetthaltig, es wurde immer ein Schnaps zur Verdauung eingeschenkt. Eine Ausrede ließ sich immer finden für das nächste Bier und den nächsten Korn. Das fing mit dem Elfer-Zug an, so nannten wir das erste Bierchen um elf, zum Mittagessen wurde eines aufgemacht, zum Feierabend kamen noch einmal ein paar dazu, dazwischen war immer Zeit für einen Schnaps. Meine Hände sind von Narben überzogen, einmal verlor ich beinahe einen Finger. Als ich nach einigen Bieren mit dem Schlachtermesser hantierte, hing er nur noch lose am Gelenk. Da bin ich kurz aufgewacht, aber bald war ich wieder drin in diesem elenden Trott.

Der Horizont über Cunnersdorf war eng geschnitten, hoch konnten meine Träume hier nicht steigen. Wenn ich mehr erleben wollte, musste ich nach Kamenz fahren, unsere Kreisstadt mit 15.000 Einwohnern, die keine zehn Kilometer entfernt liegt. Am Wochenende ließ ich immer die Sau raus – volle Druckbetankung in einer kleinen Disco. Dort konnten wir uns richtig abschießen, und wenn einer zu viel intus hatte und am Boden lag, interessierte das keinen. Ich fuhr einen VW Golf und baute immer wieder Unfälle. Einmal jagte ich ihn morgens um sieben mit 2,4 Promille gegen einen Baum, danach wurde mir der Führerschein für ein Jahr entzogen. Die Polizei tauchte öfter auf dem Hof auf, als meinen Eltern und Brüdern lieb war. Eine Zeit lang war ich zufrieden, wenn ich in Kamenz durch meine Stammdisco stolzieren konnte, wo jeder mich kannte. Was bin ich doch für ein toller Hecht, dachte ich da, wenn ich meine Runde gedreht hatte. Heute weiß ich: Das war eine ganz schön armselige Szenerie. Wenn wir besoffen waren, kloppten wir uns auch gelegentlich und vertrugen uns wieder beim nächsten Bier. Wir wussten ohnehin nicht mehr, warum wir uns geprügelt hatten.

Nur mit den Mädchen tat ich mich schwer. Mit 167 Zentimetern bin ich ziemlich klein geraten, und man sah mir inzwischen auch an, dass ich gern Wurst und Hackepeter aß und literweise Bier trank. Wenn ich nüchtern war, traute ich mich nicht, ein Mädel anzusprechen. Wenn ich mich dann auf Betriebstemperatur getrunken hatte, winkten die meisten ab: Nüchtern schüchtern und voll toll, damit kam ich nicht weit. Manchmal fand ich eine, der alles einerlei war, dann steckte ich auf dem Parkplatz der Disco zwischen den Autos hastig einen weg. Manchmal nahm mich auch eine mit nach Hause, aber am nächsten Morgen wollte keine mehr etwas von mir wissen. Da fragte ich mich schon gelegentlich, ob was mit mir nicht stimmte. Spürten die, dass ich Schlachter war? Roch ich nach Tier und Blut und nach Tod?

Nach drei Jahren hatte ich die Lehre beendet, aber ich arbeitete als Geselle weiter, das war einfacher, als sich Gedanken über die Zukunft zu machen. Einer der Metzger ging in Rente, und ich sollte seinen Posten übernehmen. Wahrscheinlich würde ich immer noch in der Metzgerei in Bernbruch stehen, wenn der angehende Rentner mich nicht zur Seite genommen hätte: »Willst du wirklich ein Leben lang aus dem kleinen Fenster gucken und den Garten vom Chef sehen?«

Da fing es an in mir zu arbeiten. Sollte meine Welt so klein bleiben? Ich war zwanzig und spürte: Jetzt musst du mal was anderes machen. An der Fachoberschule für Ernährung in Dresden holte ich das Abitur nach und brauchte dafür ein Jahr. Natürlich nervten mich vorher alle: »Was will ein Metzger denn mit Abitur? Schaffst du eh nicht.«

Das war für mich der Ansporn, es den anderen zu zeigen. Die Schlachterklamotten wollte ich nicht mehr anziehen, ich wollte zur Polizei. Aber dafür war ich zu klein, genau genommen fehlten mir drei lächerliche Zentimeter. Ich beschloss, Berufssoldat zu werden, und unterschrieb dann gleich für zwölf Jahre. Mir war nur wichtig, dass ich nicht mehr zurück in die Schlachtkammer musste.

Im Sommer 2009 sollte ich eingezogen werden, da hatte ich noch beinahe ein Jahr zu überbrücken. Ich fing an, bei einem Automobilhersteller zwei Dörfer weiter im Schichtdienst am Fließband zu arbeiten. Ich starrte die ganze Zeit nur auf die Maschinen, nach drei Monaten fühle ich mich nur noch leer. Am Wochenende gab es zu Hause Ärger, wenn ich einmal ausschlafen wollte, denn da sollte ich mich um die Viecher kümmern.

Für mich stand kurz vor Weihnachten 2008 fest: So kann ich nicht weitermachen, ich hau ab, ich geh nach Australien. Ich konnte nicht mehr, ich musste diese Endlosschleife aus Arbeit, kleinkarierter Muffigkeit und Suff durchbrechen. Ich wollte raus, und die anderen reagierten wie immer: »Der kleine Spinner hat wieder mal einen im Tee, das kriegt er doch im Leben nicht hin.«

Tatsächlich glaubte ich selbst nicht daran, dass ich nach Australien losziehen würde. Ich war ein ausgewiesener Tollpatsch, wenn es ein Fettnäpfchen gab, dann ließ ich es nicht aus. Es kam nicht nur einmal vor, dass ich mit dem Handy in den Badeshorts in das Schwimmbecken sprang. Und wenn ich mal mit Freunden im Stripclub in Dresden war und meine Zeche mit der Kreditkarte bezahlte, dann war ich natürlich der Einzige, der um ein paar Hundert Euro geprellt wurde. Aus Sachsen herausgekommen war ich bisher nur selten. Ich kannte Dresden und Berlin, fuhr manchmal kurz über die Grenze nach Polen und Tschechien, um zu tanken und Zigaretten zu holen.

Aber es gab keinen Weg mehr zurück. Ich hatte schon überall herumgetönt, dass ich nach Australien fliegen würde. Ich konnte nicht einmal Englisch, den Unterricht hatte ich konsequent geschwänzt, weil ich ohnehin davon ausgegangen war, dass ich niemals wegkommen würde. Freunde mussten mir helfen, das Visum zu beantragen. Das war typisch für mich: Ich wollte in die Welt hinaus und sprach nur Sächsisch. Ich verkaufte mein Auto, hatte kurz zuvor allerdings auf Glatteis einen Unfall gebaut, und statt der eingeplanten 2500 bekam ich nur noch 700 Euro. Das war mein Reisebudget.

An Neujahr betrank ich mich noch einmal anständig, und am 2. Januar 2009 zog ich dann verkatert los. Erst als ich das erste Foto aus Sydney postete, glaubten sie zu Hause, dass ich es dieses Mal ernst meinte.

Sechs Monate wollte ich als Backpacker durch Australien ziehen, es sind acht Jahre geworden, in denen ich hundert Länder bereist habe. In jedem dieser Länder wollte ich mindestens eine

Einheimische flachlegen, und so viel kann ich verraten: Ich hatte deutlich mehr als hundert Frauen.

Zudem habe ich überall, wo ich war, die Drogen der Einheimischen ausprobiert. Ich wollte wissen, wie sich die Leute auf den Fidschis oder am Amazonas berauschten, wie sich die Pakistani abschossen oder die Menschen in Afrika. Ich saß in Mexiko mit Schwerverbrechern in einer Zelle und wusste nicht, ob ich den nächsten Morgen noch erleben würde. Ich bin einige Male dem Tod gerade noch von der Schippe gesprungen. Ich habe das Leben ausgereizt und auf die Spitze getrieben – eigentlich dürfte ich gar nicht mehr hier sein.

Als ich nach Sachsen zurückkam, war ich ein anderer. Mir kann keiner mehr was erzählen oder vormachen. Manchmal treffe ich die Maulhelden, die mich früher ausgelacht haben und zu denen ich aufgeschaut habe. Sie wollen dann mit ihren tollen Bräuten prahlen, und ich sage ihnen: Wer nicht mit mindestens zehn Brasilianerinnen Samba im Bett getanzt hat, kann nicht mitreden.

Meine Eltern wissen bis heute nicht, was ich alles erlebt habe. Sie wissen nicht einmal, dass ich zweimal geheiratet habe auf meiner Reise. Es ist Zeit, dass auch sie es erfahren.

DOWN UNDER

PLANLOS IN SYDNEY

Als wir in Sydney landeten, hatte ich nicht den Hauch einer Ahnung, was mich dort erwartet. Im Flieger saßen vor allem frischgebackene Abiturienten, siebzehn oder achtzehn Jahre alt, die genau wussten, wie und wohin sie reisen wollten. Manche hatten das kommende Jahr vollständig durchgeplant, Woche für Woche. Alle wussten, wo sie in Sydney übernachten würden.

»Und wo pennst du?«, wurde ich immer wieder gefragt.

»Keine Ahnung«, sagte ich und fühlte mich bei jeder Frage schlechter.

Alle hatten einen Plan, nur ich nicht. Ich wusste nur eines – günstig musste es sein. Mancher hatte im Flugzeug damit geprahlt, dass er fünftausend Euro auf den Kopf hauen könne. Ich wollte in den ersten zwei bis drei Monaten mit lächerlichen siebenhundert Euro auskommen.

»Was, so wenig?«, fragten diese umsorgten Muttersöhnchen und setzten eine sorgenvolle Miene auf. »Damit kommst du nicht weit.«

Das war wie ein Schlag ins Gesicht. Die hatten gerade die Schule verlassen und schon die Taschen voller Geld – ich hingegen war inzwischen vierundzwanzig Jahre alt und musste sparen. Aber immerhin war ich in Sydney angekommen, das hatten mir zu Hause in Sachsen nur die wenigsten zugetraut.

Ich selbst begriff es auch erst so richtig, als ich mit meinem Backpack auf dem Rücken in der Ankunftshalle des Sydney Airports stand. Am Flughafen ließ ich mich vom Tross der Backpacker mitreißen, der sich im Shuttlebus Richtung Innenstadt bewegte. Ich trottete einfach hinterher zu einem Hostel, das die Übernachtung für zwanzig Dollar anbot und in Kings Cross lag, dem bekannten Party- und Rotlichtviertel Sydneys.

Nach sechzehn Stunden Flug war ich vollkommen erledigt. Von minus 10 Grad aus dem sächsischen Winter in der australischen Sommerhitze zu landen, wo die Temperaturen bis auf 35 Grad kletterten – damit musste ich erst einmal klarkommen. Und ich hatte noch ein paar Probleme mehr. Weil ich kein Englisch konnte, war ich die ganze Zeit auf die Hilfe anderer angewiesen und musste mir die einfachsten Sachen übersetzen lassen. Micha, der Hinterwäldler aus Sachsen, brauchte Hilfe. Ich musste mir einen Adapter leihen, um mein Handy aufzuladen, da ich davon ausgegangen war, dass alle Steckdosen auf der Welt gleich aussähen.

Ich benötigte eine *Tax Number*, damit ich arbeiten und mein knappes Budget auffüllen konnte, und auch davon erfuhr ich erst im Hostel.

»Kümmere dich besser gleich darum«, sagten die Backpacker, »bevor du anfängst herumzureisen.«

20

In Kings Cross reihte sich Disco an Disco und Nachtklub an Nachtklub, ein denkbar ungünstiger Ort, wenn man einen so schmalen Geldbeutel besaß wie ich. Natürlich gönnte ich mir zur Ankunft ein kaltes Bier. Aber ich würde nicht wie viele andere jeden Abend Party machen können.

Um Geld zu sparen, entschloss ich mich, alle Strecken zu Fuß zu gehen, und das in Sydney, dieser Riesenstadt mit über vier Millionen Einwohnern. Ich schlenderte in Badelatschen los, wie ein Pauschaltourist auf Sightseeing, hielt eine Weile durch, bis ich mir am dritten Tag schließlich einen derben Sonnenbrand einfing. Zunächst schaute ich mir die Harbour Bridge an, die von den Einheimischen nur *Coat Hanger* genannt wird, Kleiderbügel, außerdem sah ich das weltberühmte Opera House, das Wahrzeichen Sydneys. Sonnencreme war teuer, und das Geld hatte ich mir sparen wollen. Ich war total verbrannt, von oben bis unten, meine Haut schälte sich, jede Bewegung schmerzte. Zudem hatte ich zu humpeln begonnen, die Sehnen an beiden Schienbeinen hatten sich beim stundenlangen Herumlaufen in den Badelatschen entzündet.

»Du musst Flipflops tragen«, empfahl einer der Backpacker.

Wie sich herausstellte, war das ein guter und folgenschwerer Rat. Die nächsten paar Jahre war ich nur noch in Flipflops unterwegs.

Sydney brach wie eine Welle über mich herein. Ich war noch nie gereist, von Kamenz aus war ich höchstens einmal über die Grenze nach Polen oder Tschechien gefahren, um zu tanken oder Zigaretten zu holen. Ich musste zur Ruhe kommen und beschloss, mich ins Hostel zurückzuziehen und mich auszukurie-

21

ren. Die anderen gingen am Abend aus, aber als sie mich zum Mitkommen aufforderten, winkte ich ab: »Nee, lasst mal.«

Das Bier in Sydney war so teuer, dass es mir ohnehin nicht schmeckte.

Im Rückblick muss ich sagen: Typisch deutsch, so habe ich mich aufgeführt. Während dieser Tage im Hostel schaute ich insgeheim schon wieder nach einem Rückflug. Kings Cross war in Feierlaune, aber ich verspürte Heimweh nach Sachsen. Für mich stand fest, schlechter ist es zu Hause auch nicht. Vor allem die Nächte waren hart, wir lagen zu zehnt in einem Schlafsaal in Etagenbetten, das war es, was einem in der billigsten Kategorie geboten wurde. Nachts war nie Ruhe, ständig rumpelte irgendjemand besoffen durch den Raum, die Metallbetten quietschten und ächzten, wenn irgendwo gepimpert wurde. Das lernte ich erst später – als echter Backpacker ging man nicht nüchtern ins Bett. Du musst bedröhnt sein, um schlafen zu können.

Ich wollte also aufgeben und die Reise abbrechen, bevor sie überhaupt richtig begonnen hatte. Ich legte mir schon die Argumente zurecht, warum ich zu Hause wieder auf der Matte stehen würde. Aber dann wendete sich völlig unerwartet das Blatt.

Im Hostel gab es einen Gemeinschaftsraum, in dem auch ein Fernseher stand. Ich saß da abends allein herum und schlug die Zeit tot, als eine Brasilianerin hereinkam, knapp über zwanzig, dunkle Locken, makellose Figur. Die Bonita fing an, mich vollzulabern, ich verstand kaum ein Wort. Ich nickte und schaute ihr scheu in die braunen Augen. Die Unterhaltung fiel ziemlich sparsam aus, aber sie wollte ohnehin etwas anderes. Wir fingen zu knutschen an, sie übernahm dabei das Kommando. Und ich dachte: Mein Gott, was passiert denn hier? Sie sah verdammt gut aus, ich war völlig verschüchtert und hätte mich nie getraut, sie anzurühren. Wir waren auf der Couch zugange, immer wieder kamen andere Backpacker vorbei.

»Hey, da vögeln welche«, sagte einer.

Am Anfang war es mir unangenehm, dass mir jemand dabei zuschaute. Aber diesen Coup konnte ich mir von ein paar neugierigen Blicken unmöglich verderben lassen. Es war die Nacht, in der mich eine brasilianische Göttin rettete. Ohne sie wäre ich zurückgeflogen und hätte nie erfahren, wie großartig das Leben sein kann.

Nach dieser Nacht sah jedenfalls alles anders aus. Sydney zeigte sein freundliches Gesicht, meine düstere Stimmung war nach der Nacht mit der Brasilianerin wie weggewischt. Ich verliebte mich nun schnell in Australien. Neben den Wolkenkratzern von Kings Cross gab es den Botanischen Garten, wo ich mich gern aufhielt und wo sich die Einheimischen zum Picknick trafen.

Ich staunte über die Schilder: *Walk on gras*, stand darauf. Gehen Sie bitte auf dem Rasen, dafür ist der da. Wäre das in Deutschland denkbar?

Auf der Queen Street entdeckte ich den Fleischtempel Victor Churchill, die coolste Metzgerei in ganz Sydney. In Reifekammern hingen, von Scheinwerfern ausgeleuchtet, riesige Teile von Wagyu- und Black-Angus-Rindern. So etwas hatte ich noch nie gesehen. Ich ging immer wieder hin, um die gigantischen Rinderhälften zu bestaunen. Das war vielleicht mal eine Fleischkultur! Die Australier legten viel Wert auf Barbecues, in jedem Park gab es Grillplätze. Würste dagegen vernachlässigten sie, das musste ich als Mann vom Fach natürlich bemängeln. Trotzdem war Fleisch so ziemlich das Wichtigste in diesem Land, und auch das war einer der Gründe, warum ich blieb. Es war der verbindende Link von meiner alten Heimat zu dieser neuen Welt.

**Victor Churchills
Fleischtempel**

Nach anderthalb Wochen in Sydney schloss ich mich Eddy und zwei anderen deutschen Backpackern an, die ein paar Städte abklappern wollten. Über Canberra, der Hauptstadt Australiens, fuhren wir im Greyhound Bus nach Melbourne. Eddy war lässig, konnte Englisch und fand sich leichter zurecht als ich. Melbourne war für seinen hohen Lebensstandard bekannt, ich war schnell beeindruckt von dieser Stadt. Oft waren wir mit der Straßenbahn unterwegs, die man kostenlos benutzen konnte. Wir besuchten den Queen-Victoria-Market, mit sieben Hektar einer der größten Freiluftmärkte, und Chinatown, wo wir uns für kleines Geld die Bäuche vollstopften. Abends amüsierten wir uns auf einer der vielen Partys, die meist auf dem Dach eines Hochhauses stiegen.

Nach einer Woche in Melbourne reisten wir gemeinsam auf der Great Ocean Road bis Adelaide weiter. Eddy wollte Spaß und war nicht besonders scharf darauf zu arbeiten. Aber ich wollte nach einem Job suchen. Ich hatte keinen Überblick über meine Finanzen und überschlug lediglich im Kopf, wie viel Geld ich noch haben müsste. Wenn ich Geld abheben wollte, waren Gebühren fällig, deshalb hob ich meist gleich dreihundert Dollar ab und versteckte die großen Scheine zwischen den Unterhosen und Socken. Nicht zu wissen, wie lange mein Geld noch reichen würde, beunruhigte mich. Nach außen versuchte ich cool zu wirken. Aber mir war klar, dass ich allmählich arbeiten musste.

DER HÄRTESTE JOB DER WELT: BANANA HUMPING AN DER OSTKÜSTE

In Innisfail, eine Stunde von Cairns entfernt, checkte ich in einem der Working-Hostels an der Ostküste ein, die Arbeit an Backpacker vermittelten. Am nächsten Morgen holte mich ein LKW ab, der mich ins Outback brachte.

Die Anweisungen waren knapp gehalten – ich musste mit einem Riesenmesser einen Berg abgefahrener Autoreifen zerkleinern und in eine Grube beim Fluss werfen. Der Fahrer setzte sich neben den Lastwagen und sah mir gelangweilt beim Arbeiten zu. Die Sonne brannte auf die ausgetrocknete Steppenlandschaft, immer wieder musste ich das Messer an einem Schleifstein schärfen. Nach zehn Stunden setzte der LKW mich wieder am Hostel ab. Das war mein erster Job Down Under: Für zehn Dollar die Stunde illegal Reifen zu entsorgen. Es gab Bargeld auf die Hand, der Rest hatte mich nicht zu interessieren. Die hatten mich sicher auch deshalb ausgewählt, weil ich kein Englisch sprach und keine unangenehmen Fragen stellen konnte.

Ich blieb einige Tage im Working-Hostel, es war ein gutes Gefühl, das erste Geld verdient zu haben. Wir Backpacker saßen abends beim Bier zusammen. Da waren alle Nationalitäten versammelt, unter anderem auch ein Russe, der illegal in Australien lebte und sich auf einer Farm durchschlug. Wir grillten öfter zusammen, auch um in kein Restaurant gehen zu müssen und Geld zu sparen.

Es dauerte nicht lange, bis ich meinen zweiten Job bekam, *Banana humping*. Es hieß, das sei der härteste Job in Australien. So ähnlich müsse es in der Hölle zugehen, behaupteten sie im Hostel.

Das war zwar übertrieben, aber tatsächlich eine Maloche, die mir einiges abverlangte. Um die grünen Bananenstauden wurde ein Sack gewickelt, man packte die Staude am Ende, und der Farmer schlug mit der Machete den Stiel weg. Die Bananen trug man auf den Schultern einige Hundert Meter zu einem Truck. Einige Stauden wogen siebzig Kilos. Wenn man das ein paar Stunden unter der sengenden Sonne gemacht hatte, spürte man Muskeln im eigenen Körper, die man vorher gar nicht kannte.

Was den Job noch härter machte: In den Säcken befanden sich oft giftige Schlangen und Spinnen. Australien ist ohnehin ein Freiluftparadies für giftige Reptilien und Kriechtiere. Aber auf der Bananenfarm verdichtete sich dieser Zustand noch einmal auf kleiner Fläche, da wimmelte es nur so von hoch toxischen Kreaturen. Mir krabbelten einige Spinnen den Rücken herunter, ich wollte gar nicht wissen, wie gefährlich die waren. Gebissen wurde ich nicht, zumindest bemerkte ich nichts davon.

Die australischen Arbeiter waren hart im Nehmen, die packten die Schlangen und Spinnen einfach und schleuderten sie weg. Da hieß es dann: »Scheiß dich doch nicht gleich ein, du deutsche Pussy.«

Zwei Wochen lang schleppte ich Bananen, das gab gutes Geld, zwölf Dollar die Stunde. Ein anderes Problem blieb jedoch bestehen – nach drei Monaten in Australien konnte ich immer noch nicht richtig Englisch reden. Wenn eine Runde im Hostel zusammensaß, hockte ich schweigend daneben, selbst der Russe musste für mich übersetzen.

Das war eine echte Schmach für mich, so konnte es nicht weitergehen. Ich beschloss, dass ich endlich Englisch lernen musste.

HEISSE NÄCHTE IM HILTON

In Surfers Paradise nahm ich mir ein Zimmer in einer Wohngemeinschaft. Surfers ist ein beliebter Ort an der Gold Coast, mit über dreihundert Meter hohen Wolkenkratzern und kilometerlangen Sandstränden. Irgendwo war da immer eine Party am Laufen. Die ganze Ostküste Australiens ähnelte einem Backpacker-Highway, auf dem die Busse hoch und runter fuhren und die Hostels ansteuerten. Allein war man nie, man traf unterwegs immer wieder auf bekannte Gesichter.

Jetzt lebte ich in der WG zusammen mit Brandon, einem Engländer, außerdem mit Eugen, einem Iren, und Scott, einem Schotten. Scott konnte ich kaum verstehen, er mochte aber mein Sächsisch, das ihn an das Angelsächsische erinnerte. Das waren kuriose Dialoge: Ich sächselte, er antwortete in seinem harten schottischen Dialekt.

Eugen brachte mir das Grundvokabular in seinem gälischen Dialekt bei, das man seiner Meinung nach im Alltag gebrauchen konnte: *Póg mo thóin*, küss meinen Arsch, das war seine liebste Redewendung.

Gehobenes Englisch konnte ich bei den Jungs also nicht lernen, aber ich gewöhnte mir wenigstens an, mich auf Englisch zu verständigen. Als wir abends einmal gemeinsam trinken waren, stieß auch der Chef des Iren noch dazu. Der bekam mit, dass ich dringend Arbeit suchte. Wieder einmal waren meine Geldreserven beinahe aufgebraucht. Er fragte, ob ich schon mal als *Bricklayer* gearbeitet hätte. Klar, lautete meine Antwort, schon öfter. Dabei wusste ich gar nicht, was für einen Job er mir anbot.

Und so war ich dann also als Maurer eingestellt, für stolze zwanzig Dollar die Stunde. Pünktlich stand ich am nächsten Morgen um sieben mit dickem Kopf an der Straße. Wie es in Australien üblich ist, kamen meine neuen Kollegen erst um acht vorbei. Ganz nüchtern war noch keiner der Bricklayer. Meine Maurerbrigade nahm das Leben nicht zu ernst, Probleme gab es selten, ständig bekam ich zu hören:»*No worries, Michael, no worries.*«

Meinen Vornamen sprachen sie natürlich Englisch aus, wie in Michael Jackson.

Als Maurer konnte ich gut mithalten in der Gang, die wussten nicht einmal, wie man einen Bauplan las. Das Ausbildungsniveau in Australien war nicht besonders hoch, ich konnte beinahe jeden Job übernehmen. Nur einmal gab es Ärger, aber das ist eine Geschichte, die ich später erzähle. Auf der Baustelle dauerte alles viel länger, als ich es aus Deutschland gewohnt war. Ich war derjenige, der Tempo machte. Der Chef der Baufirma nahm mich nach ein paar Tagen zur Seite und meinte:»Hör doch mal auf, so deutsch zu sein, Michael.« Das wollte ich mir nicht anhören müssen. Ich konnte auch anders, wenn ich wollte.

Es traf sich gut, dass ich von einem Backpacker, der nach Hause fliegen wollte, ein Zelt und einen Schlafsack geschenkt bekommen hatte. Ich fuhr allein die Ostküste hinauf nach Byron Bay, einem der Backpacker-Hotspots und Partyplätze, wo viele Mädels in den Bars ihre Titten zeigen, um Freidrinks zu bekommen. Am Great Barrier Reef in Cairns wollte ich Tauchen lernen, aber mir fehlte natürlich das nötige Geld. Mit der Tauchschule einigte ich mich darauf, dass ich die vierhundert Dollar Gebühr abarbeiten konnte. Ich füllte die Sauerstoffflaschen auf und kümmerte mich um die Verpflegung.

Bei einem der Tauchgänge sah ich beim Auftauchen einen Wal, der direkt hinter uns schwamm. Ich war fasziniert und wäre gern näher herangeschwommen, am liebsten hätte ich den Wal gestreichelt. Aber unser Tauchlehrer gab uns zu verstehen, dass wir uns schnellstmöglich entfernen sollen. Später erklärte er uns, dass man hinter einem Wal schwimmen dürfe, aber nie vor ihm: Wenn das riesige Tier anfange, Wasser einzusaugen, dann habe man keine Chance mehr wegzukommen.

Das Great Barrier Reef war 2009 schon überfüllt, da waren mehr Touristen als Fische im Wasser unterwegs. Beim Auftauchen ankerte Boot an Boot, und am Meeresboden starben die Korallen ab. Aber ich war nicht der Typ, der sich zu lange an Problemen festbiss. Ich wollte etwas erleben, und dafür brauchte ich Hilton – so taufte ich den weißen Camper, den ich mir ausgeliehen hatte. Hinten lag eine Matratze drin, neben der Tür stand ein Gaskocher.

Mit Hilton fuhr ich in Richtung Norden nach Cape Tribulation, das für seine von Palmen gesäumten Sandstrände bekannt ist. Ich besuchte Hostel-Partys und parkte Hilton vorher auf dem nächsten Campingplatz. Das war ein paradiesisches Leben, hier hatte ich viel mehr Privatsphäre als in den Hostels, wo der ganze Schlafsaal einem beim Sex zuschauen konnte.

Mit Hilton schnellte meine persönliche Frauenquote sprunghaft nach oben. Auf den vielen Backpacker-Partys quatschte ich die Mädels an: »Ich schlafe heute Nacht im Hilton, willst du mit?«

Keine Backpackerin schlief freiwillig in den überfüllten, miefigen Schlafsälen, in denen sich oft *bed bugs*, also Bettwanzen eingenistet hatten, die einen bissen und sich in den Klamotten festsetzten. Die meisten Damen stutzten kurz, als sie mein Hilton sahen. Aber zurück zum Hostel laufen, das wollte dann auch wieder keine.

»Jetzt bist du schon mal da«, schwadronierte ich, »leg dich schon mal hinten rein.«

Das funktionierte immer, und in gewisser Weise war Hilton meine beste Investition in Australien. Der Chef der Maurerbrigade wäre stolz auf mich gewesen, wie wenig deutsch ich nun noch war. Längst konnte ich nicht mehr nachvollziehen, dass ich in den ersten Tage Sydney hatte verlassen und nach Sachsen zurückkehren wollen. Ich war ein echter Backpacker geworden, der Gefallen gefunden hatte an den üblichen Spielchen und Ritualen.

Bei jeder Hostel-Party gab es ein Kartenspiel, *Ring of Fire*, dessen einziges Ziel es war, dass alle möglichst schnell ihre Klamotten auszogen. Dazu wurde literweise Goon getrunken, ein typisch australisches Gesöff aus Weinresten und Fischeiern. Goon schmeckte ekelhaft, man bekam höllische Kopfschmerzen davon. Jeder Backpacker hasste Goon, alle zapften es literweise aus dem Tetrapack. Goon war der Treibstoff, der die Backpacker am Laufen hielt. Das Zeug machte besoffen und hemmungslos, es war der billigste Alkohol in Australien, vier Liter kosteten nur wenige Dollar. Auf den Campingplätzen schafften es viele Goon-Opfer nicht einmal mehr ins Zelt. Sie lagen über den Campingplatz verstreut auf der nackten Erde, als unübersehbare Warnung vor diesem Holzhammer-Narkotikum.

An der Ostküste absolvierte ich einen Segeltörn um die Whitsunday Islands. Wir waren zu zehnt auf der Yacht, fünf Frauen und fünf Typen mit reichlich Goon, und das musste natürlich zur Orgie ausarten. Ich kann heute nicht mehr sagen, was genau da alles passiert ist. Aber ich erwachte neben einer Kanadierin, wir schauten uns an und fragten gleichzeitig: »Was machst du denn hier? Hatten wir Sex?«

Ein Blick genügte als Antwort. Wir lagen splitterfasernackt nebeneinander.

WINTER IN DARWIN

Als der Winter kam, wollte ich nach Darwin, der Hauptstadt des Northern Territory, beinahe dreitausend Kilometer entfernt von Cairns. Mit Hilton machte ich mich auf den Weg, unterwegs pickte ich eine Tramperin auf, eine Engländerin, die als Gepäck nur Kondome und Wein dabeihatte. Das, lachte sie, reiche aus, um gut durch den Tag zu kommen.

Es dauerte nicht lange, bis sie beides mit mir teilte. Ich vergnügte mich also nach besten Kräften, obwohl eigentlich meine Zeit in Australien schon wieder hätte vorbei sein sollen.

Ich hatte Termine in Deutschland: Am 1. Juni 2009 hätte ich den Dienst bei der Bundeswehr als Feldwebel antreten müssen, ich hatte mich gleich für zwölf Jahre verpflichtet. Meine Kompanie hatte sich schon bei meinen Eltern gemeldet, um letzte Fragen zu klären. Aber ich wollte nicht zurück, ich hatte in Darwin eine gut bezahlte Arbeit gefunden in einer Metzgerei, die mich für drei Monate anstellen wollte.

Am Telefon überzeugte ich die Bundeswehr, dass ich nicht mehr dem Vaterland dienen könnte. Den Flug zurück nach Deutschland hatte ich ohnehin schon verstreichen lassen und die achthundert Euro abgeschrieben, die ich investiert hatte. Meine Eltern hatten größere Probleme, meine Entscheidung zu akzeptieren, als die Bundeswehr. Es gab Phasen, da weinte meine Mutter am Telefon jeden Tag um ihren verlorenen Sohn.

Für mich stand trotzdem fest: Ich würde ein ganzes Jahr in Australien bleiben und das Land bereisen. Wenn ich in Darwin als Metzger meine Reisekasse aufgefüllt hatte, sollte es weitergehen. Ich wohnte auf einem Campingplatz, nur zehn Minuten Fußweg von meiner neuen Arbeitsstelle entfernt. In der Metzgerei musste ich viel vergessen, was ich in Sachsen gelernt hatte. In der ersten Woche produzierten wir Würste. Geil, dachte ich, hielt den Finger ins Brät und wollte es abschmecken. Alle verzogen das Gesicht und spuckten aus: »Ähh, bist du eklig.«

Es war Hundewurst, mir kam das Würgen, als ich sah, was sie da alles hineingeworfen hatten. Innereien, ranziges Fett und schmierige Fleischreste. Wir machten auch Würste, die wie Frankfurter aussahen und oft auf dem Grill der »Abos«, der Aborigines landeten – wer es sich in Australien leisten konnte, grillte Fleisch, und diese Frankfurter waren gewissermaßen die Einstiegsdroge.

Mein Alltag bestand darin, gefrorene Rinderrücken zuzuschneiden. Die Arbeit war monoton, aber mein Chef locker drauf:»Wenn du was zu rauchen brauchst«, sagte er zu mir,»gib Bescheid, ich habe oben ein paar Pflanzen stehen.«

Die Bewohner von Darwin gelten als derbe Rednecks, als die Cowboys von Australien. Immer donnerstags fuhren wir in der Mittagspause zum Strip-Tag in eine Bar im Industriegebiet, wo sich zwei Frauen auf einer Bühne auszogen. Am Tresen standen manchmal hundert Männer, die meisten davon Handwerker. Nicht selten verlängerten wir dort die Mittagspause von einer auf zwei Stunden. Wenn ich auf die Uhr zeigte, hieß es nur:»No worries, Michael.«

Die Stripperinnen zogen sich aus und klemmten sich Eiswürfel zwischen die Beine. Meine Metzgerkollegen waren richtig scharf darauf, das Schamlippen-Eis in ihr Bier zu werfen. Auch wenn wir in der Metzgerei viel zu erledigen hatten, die Mittagspause mit der Strip-Einlage ließen wir nie ausfallen, sogar unser Chef kam mit dazu.

Unter diesen rauen Hinterwäldlern fühlte ich mich wohl, im Grunde war ich als Sachse ja auch einer. Ich konnte zupacken und hatte keine zwei linken Hände wie die verzogenen Muttersöhnchen mit Abitur aus Frankfurt am Main, die im Flugzeug damit geprahlt hatten, wie viel Geld sie verjubeln konnten.

DEM TOD VON DER SCHIPPE GESPRUNGEN

Von Darwin aus fuhren wir über ein verlängertes Wochenende zu den Kimberleys, den eindrucksvollen roten Gesteinsformationen, die aus der Wüste herausragen. Zu fünft machten wir uns auf den Weg, Scott, mein schottischer Kumpel, der inzwischen ebenfalls im hohen Norden angekommen war, Melanie und Marie aus Deutschland, Sam, ein Australier, und ich. Wir packten Zelte ein, in denen wir übernachten wollten.

Bei den Kimberleys gab es einige vom Wüstensand eingerahmte Lagunen. Mit trockenen Kehlen sprangen wir ins Wasser, um uns abzukühlen und den Sand von unseren verschwitzten Körpern zu waschen. Als ich abends noch einmal aufs Klo musste, blieb mein Blick an einem Schild hängen: »Baden verboten, Lebensgefahr!«

Mit der Taschenlampe leuchtete ich über das Wasser und sah in der Dämmerung die roten Augen der Krokodile funkeln. Es war unser Glück, dass Krokodile faule Tiere sind, die darauf warten, bis das Essen ihnen ins Maul springt.

Ziemlich kleinlaut verkrochen wir uns an diesem Abend in die Zelte. Auf dem Rückweg nach Darwin wollten wir noch einen Nationalpark besuchen, den wir auf der Karte entdeckt

Das kaputte Auto

hatten. Im Auto alberten wir herum, Fotos wurden geschossen, alle sollten mit drauf, auch Scott, der am Steuer saß. Nur einen Moment lang passte er nicht auf und kam von der Straße ab, Scott musste einem Baum ausweichen. Der Geländewagen überschlug sich zweimal und blieb auf dem Dach liegen, Totalschaden. Wir krochen unverletzt aus dem Wrack, hatten jedoch kein Wasser und keinen Proviant mehr. Und das mitten in der Wüste.

Nirgendwo gab es Schatten, der Schweiß lief uns aus allen Poren, das ganze Gesicht war von fetten schwarzen Fliegen bedeckt. Anfangs versuchten wir noch, sie zu vertreiben, irgendwann fehlte uns die Kraft dazu. Es war wie im Horrorfilm, halb verdurstet hingen wir im glühenden Outback fest, die Gesichter schwarze Fliegenmasken. Die Frauen heulten und wurden immer panischer. Ich versuchte sie zu beruhigen. Wir wussten ungefähr, wo wir uns befanden. Zehn Kilometer entfernt musste der nächste Road Stop sein. Wenn wir nachts losgingen, dann würden wir die Strecke schon schaffen. »Das packen wir!«, sagte ich.

In Wahrheit war ich gar nicht so überzeugt, weshalb wir letztlich blieben, wo wir waren.

In der Dämmerung ging Sam zum Pinkeln, es dauerte und dauerte, aber er kam nicht zurück. Er erzählte später, dass er in der Dunkelheit funkelnde Augen gesehen und gedacht habe, ihn verfolge ein Tier. Panisch rannte er los und irrte stundenlang durch die Nacht, bis er Lichter entdeckte. Es waren Aborigines, die in einem ihrer Häuser eine Party veranstalteten und sich gründlich betranken. Anstatt Hilfe zu holen, trank Sam einfach mit, bis er einschlief. Typisch Australier.

Die Stimmung am Autowrack wurde immer düsterer.

»Wir werden sterben«, schrien die Frauen, »das überleben wir nicht.«

Sam wachte erst am nächsten Mittag wieder auf und rief vom Telefonanschluss der Aborigines die Ranger an.

Es dauerte ewig, bis endlich Hilfe kam. Sam tauchte mit den Rangern und zwei Sanitätern auf, die auch Erste Hilfe leisteten und uns zunächst mit Wasser versorgten. Wir hatten beinahe zwei Tage lang nichts getrunken und gegessen und lagen erschöpft und apathisch im heißen, roten Wüstensand. Noch einen Tag hätten wir nicht überstanden. Innerhalb von kurzer Zeit war ich zweimal dem Tod von der Schippe gesprungen. So schnell konnte mich nichts mehr schocken.

Als ich mich erholt hatte, musste ich wieder Geld verdienen. Ich heuerte für drei Wochen auf einem Fischerboot an. Der Skipper suchte einen Koch, der nebenbei auf dem Boot mitarbeiten sollte. Vom Kochen hatte ich damals kaum Ahnung. Warum ich mich trotzdem bewarb und als Koch ausgab? Vermutlich weil mir eine Engländerin erzählt hatte, dass sie jahrelang in Australien als Zahnarzthelferin gearbeitet hätte, ohne Ausbildung. Wenn Zweifel an ihrer Qualifikation aufkamen, hatte sie einfach behauptet, dass die Instrumente in englischen Zahnarztpraxen anders aussähen. Sie verdiente eine Menge Geld damit, dass die Patienten sich von ihr den Mund ausspülen ließen.

Wenn das funktioniert hatte, beschloss ich, dann konnte ich auch als Koch arbeiten. In einem Hostel packte ich ein australisches Kochbuch ein mit einfachen Alltagsrezepten. Beim Einstellungsgespräch im Hafen von Darwin gab ich an, dass ich Metzger und Koch sei. Eine dreiste Lüge, aber ich war seit einigen Tagen obdachlos, weil durch den Darwin Cup, ein beliebtes Pferderennen, alle Campingplätze und Zimmer ausgebucht waren oder überteuert vermietet wurden. Auf die Frage, ob ich seekrank würde, antwortete ich mit einem entschlossenen Nein. Dabei hatte ich keine Ahnung, ob ich das Leben an Bord aushalten würde.

»Geh einkaufen«, wies mich der Skipper an. »Hol im Supermarkt alles, was wir für zwei Wochen auf See brauchen.«

Wie sollte ich wissen, was eine Bootscrew in der Zeit verbrauchte? Nach einer Weile hatte ich sechs Einkaufswagen vollgepackt, vor allem mit Unmengen an Nudeln, Tomatensoße und Wurst. Nur gut, dass auch schon eine Ladung Fleisch an Bord geliefert worden war.

Das Boot nahm Kurs auf den Golf von Carpentaria, der im Nordosten Australiens lag, dort wollten wir Riesengarnelen fangen. Neben dem Skipper und dessen Frau waren noch fünf junge Australier an Bord, die ein paar Wochen auf dem Boot schuften und dann das Geld wieder verkloppen wollten. Ich war einer der Großverdiener auf dem Boot, weil ich für Frühstück, Mittagessen und Abendbrot sorgen und auch beim Garnelenfang helfen sollte. Da hatte ich den Mund ganz schön voll genommen, ich kleiner Aufschneider.

In den ersten Tagen legten wir die Netze umsonst aus, es gab nichts zu fischen. Wir schrubbten das Deck, schauten DVDs und spielten *Shithead*, ein Kartenspiel, das in Deutschland als *Dummkopf* bekannt ist und bei dem die Spieler versuchen, ihre Karten möglichst schnell loszuwerden. Am fünften Tag wechselte der Skipper den Kurs. Ein Sturm zog auf, und die Wellen türmten sich höher als das Boot, das sich fast senkrecht nach oben reckte. Ich lag unter Deck und reiherte mir die Seele aus dem Leib. Ich brauchte frische Luft und hing draußen über der Reling, wo ich mich weiter erbrach. Die anderen spielten weiter Karten und lachten mich aus: »Stell dich nicht so an, du deutsche Pussy.«

In der zweiten Woche zeigte das Radar endlich Garnelen an, da mussten wir um vier morgens hoch. Der Skipper, ein cholerischer Kerl, stand schon da und brüllte: »Steht endlich auf, ihr faulen Hunde.«

Die Netze füllten sich, manchmal schufteten wir achtzehn Stunden lang am Stück und fielen dann völlig erschöpft in die Kojen. An manchem Tag verdiente ich dreitausend australische Dollar, so viel, wie ich in keinem anderen Job bekommen hätte. Oben auf dem Deck anzupacken, fiel mir leichter, als den Koch in der Kombüse zu spielen. Frühstück bekam ich noch hin, ich kochte Kaffee, briet Eier und Toast. Mittags tischte ich auf, was ich am besten konnte: Nudeln mit Wurst in Tomatensoße. Es dauerte nicht lange, bis die Crew zu meckern anfing: »Kochst du uns auch mal richtiges Essen?«

So einen schlechten Koch, wurde gelästert, hätten sie noch nie an Bord gehabt.

Die Frau vom Skipper half in der Kombüse mit und merkte als Erste, dass ich gar nicht kochen konnte. Sie wurde mächtig sauer, weil ich mehr verdiente als die anderen. Der Skipper brüllte herum, ich sei der größte Idiot, den er je gesehen habe.

Abhauen konnte ich nicht, und mich über Bord zu werfen war auch keine gute Lösung. Als der Laderaum endlich mit Garnelen gefüllt war, fuhren wir zum Entladen nach Weipa, einer Kleinstadt auf der Halbinsel Kap York. Wir hatten exakt 107,5 Tonnen Tiger Prawns gefangen.

Nachdem die Garnelen versorgt waren, ging es zum großen Besäufnis in die schmuddelige Hafenbar, die wir uns mit den Crews anderer Schiffe teilten. Alle Australier waren schwer am Saufen. Ich hielt ein paar Bierchen lang mit, die anderen füllten sich richtig ab und gaben auch immer wieder einen aus: »Hast ja immer so gut gekocht!«, höhnten sie.

An diesem Abend kamen auch Frauen in die Bar, die in der Fischindustrie arbeiteten, allesamt mit Haaren auf den Zähnen, eine derber als die andere. Die Matrosen scherte das nicht, jeder von ihnen hielt eine der Grazien im Arm: *Every hole is a goal*, sagten die Australier. Ich hielt mich zurück.

Es war üblich, dass die Fischer nach einer solchen Nacht die Schlüpfer der Frauen behielten und vor der nächsten Fahrt an den Mast banden. Das sollte Glück bringen, ich hatte allerdings meine Zweifel. Die Schlüpfer, die bei unserem Boot am Mast hingen, waren richtige Zeltplanen. Da war ich wählerischer, ich mochte meine Begleitung gern ein bisschen schlanker. Ich machte mich dann ziemlich schnell dünn. In der Tasche trug ich 17.500 Dollar bei mir, die der Skipper mir nur widerwillig ausgezahlt hatte.

HOCHZEITSNACHT OHNE BRAUT

In Darwin begann die Regensaison, eine fürchterliche Zeit. Ununterbrochen zuckten Blitze vom Himmel, aber man hörte keinen Donner. Ständig dachte ich, es würde gleich neben mir einschlagen. Es waren so viele Blitze, einer musste doch treffen.

Es regnete nur selten, aber die Luftfeuchtigkeit war unerträglich. Man konnte sich keine zwei Meter bewegen, ohne komplett durchgeschwitzt zu sein. Ich saß die meiste Zeit nur im Zimmer und drehte die Klimaanlage auf volle Touren. Wenn es einmal regnete, dann so heftig, dass man die Hand vor Augen nicht sah. Während der Regenzeit wollten alle raus aus Darwin. Ich fuhr mit meinem schottischen Freund Scott los, die Westküste entlang in Richtung Perth, es ging tagelang nur geradeaus. Wir übernachteten im Zelt, wo es uns gerade gefiel. Am Ningaloo Reef, dem zweitgrößten Korallenriff der Welt, hielten wir an, um zu tauchen. Die Unterwasserlandschaft war farbenfroher und die Gegend weniger überlaufen als beim Great Barrier Reef. Die Farben hatten uns unter Wasser mächtig eingelullt, als plötzlich ein weißer Hai auftauchte, direkt auf uns zusteuerte, es sich dann aber anders überlegte. Scott und ich waren so überrascht, dass die Panikreaktion erst einsetzte, als wir wieder trockenen Boden unter den Füßen hatten.

**Die australische Westküste.
Kilometerweit einfach nichts.**

Auf den Highways an der Westküste waren viele Roadtrains unterwegs, gigantische Trucks mit mehreren Anhängern und der Länge eines Zuges. Scott und ich beobachteten, wie ein Roadtrain eine Kuh erfasste, platsch, da blieb nicht viel übrig. Der Fahrer ließ nur den Scheibenwischer rotieren, der das Gematsche von der Windschutzscheibe wischte, und weiter ging's.

Perth galt als die am weitesten abgelegene Großstadt der Welt, von Adelaide bis Perth fuhr man drei Tage. In Perth wollte ich vier Monate verbringen, dann hätte ich ein ganzes Jahr in Australien verbracht und würde mein Visum verlängern lassen müssen. Leider hatte ich allerdings zu unregelmäßig gearbeitet, um ein zweites Working-Holiday-Visum zu erhalten. Und ein *Business Sponsorship* kam für mich auch nicht infrage, also ein Visum, das vom Arbeitgeber beantragt und finanziert wird, wenn man sich mehrere Jahre an ihn bindet.

In Perth mieteten wir zu sechst ein kleines Häuschen, die Miete war relativ günstig, mein Zimmer kostete hundertfünfzig Euro. Melody, meine australische Mitbewohnerin, träumte von Europa und wollte unbedingt nach London ziehen. Ich wollte unbedingt in Australien bleiben. Wenn wir heirateten, wären unsere Visumprobleme auf einen Schlag gelöst. Ich tat mich am Anfang etwas schwer mit dem Gedanken, tatsächlich zu heiraten. Aber es war eine Zweckehe, die mir nicht viel bedeutete und die uns beiden half. Große Gefühle entwickelten wir ohnehin nicht füreinander. Nur wenn wir beide zu viel getrunken hatten, vertrugen wir uns ganz gut.

Am Strand von Perth wurden wir getraut, ich trug Badeshorts und Flipflops und zog mir noch schnell ein Jackett über. Melody hatte sich ein Kleid besorgt, es sah nicht sonderlich festlich aus. Als Mann und Frau begannen wir sofort mit unseren Mitbewohnern und ein paar Bekannten zu saufen wie die Bierkutscher.

Meine Eltern wissen bis heute nichts davon, dass sie eine australische Schwiegertochter haben.

Offiziell mussten wir zusammenleben, das war Voraussetzung für den Eheschein und das Visum. Wir wohnten aber weiterhin getrennt in unseren Zimmern, es kam nie einer vorbei, um uns zu kontrollieren. Ich zog Melody immer wieder damit auf: »Wir sind ein Ehepaar, wir müssen auch das Bett miteinander teilen.«

Was mir keiner glaubt – ich habe nie mit meiner Ehefrau geschlafen. Nur im Suff knutschten und fummelten wir einmal herum. Schon komisch, da schläft man mit so vielen Mädels, aber nicht mit der eigenen Ehefrau.

Perth war die reichste Stadt in Australien, hier lebten mehr Selfmade-Millionäre pro Einwohner als anderswo auf der Welt. Trotzdem stand die Stadt in dem Ruf, dass die Menschen es hier gemütlich angehen ließen. Perth wirkte wie ein aufgeräumtes, in der Sonne brütendes Vorstadtidyll zwischen Outback, Weinbergen und Ozean. In den Supermärkten wurde an den Kassen getratscht, auch wenn sich dahinter Menschenschlangen bildeten, das regte niemanden auf. In Australien ließ man sich nicht gern stressen, und in Perth erst recht nicht. Alle waren locker, alle redeten miteinander und verabschiedeten sich mit einem fröhlichen: »*See you!*«

Selbst die Polizisten benahmen sich wie gute Kumpels. Probleme? *No worries*, es wird bestimmt alles gut gehen.

In der lockeren Atmosphäre von Perth entschloss ich mich zum ersten Mal, unter die Couch-Surfer zu gehen. Ich wohnte bei Matt, der Mitte zwanzig war und in der Armee diente. Matt behandelte mich wie einen Bruder, er brachte mir das Surfen bei (auf dem Wasser, nicht nur auf dem Sofa), er fuhr mit mir ins Outback, wo wir mit seinen Waffen in der Gegend herumballerten. Als Matt für ein paar Wochen wegmusste, drückte er mir seinen Hausschlüssel in die Hand und sagte: »Bleib, so lange du willst. Wenn du gehst, vergiss nicht, den Schlüssel unter die Fußmatte zu legen.«

In Perth arbeitete ich in einer italienischen Metzgerei. Es gab eine große italienische Gemeinde in der Stadt, und viele der Italiener, so wurde gemunkelt, sollten in Italien mit dem Gesetz in Konflikt gekommen sein und sich dort nicht mehr sehen lassen können. Mein Chef gehörte definitiv auch dazu. Er beförderte mich gleich zum Schichtleiter – ich war der Einzige in der Metzgerei mit einer Ausbildung. Unsere Spezialität war Parmaschinken, der wochenlang in der Reifekammer abhing. Zur Metzgerei gehörte zudem eine Pizzeria, in der sich die italienische Gemeinde versammelte. Da waren an manchem Abend so einige Hundert Jahre Knast vertreten.

Mein Chef wollte mir nie verraten, was er in Italien verbrochen hatte. Aber er wäre so gern wieder zurück nach Europa gegangen. Er drängte mich immer wieder, nach Australien noch andere Länder zu besuchen.

»Du bist jung«, sagte er, »du musst die Welt kennenlernen!«

Andere Backpacker schwärmten von Neuseeland, und tatsächlich reifte der Entschluss in mir, weiterzureisen. In Sachsen warteten natürlich meine Eltern darauf, dass ich endlich nach Hause kam. Als ich sie wissen ließ, dass ich weiter nach Neuseeland fliegen wollte, waren sie zunächst geschockt. Es dauerte einige Telefonate und lange Gespräche mit meiner Mutter, bis sie sich beruhigten. Nach einer Weile dann meinten sie: »Sei aber vorsichtig, Junge!«

Seltsamerweise vermisste ich sie in diesem Moment am meisten.

AUF DEM KIWI TRAIL

EIN ARSCH REIST UM DIE WELT

»Komm endlich rüber, das Leben ist cool hier. Viel besser als in Australien.«

Das war die Einladung, die mein Kumpel Dan mir von der Südinsel Neuseelands schickte. Da ich Australien ohnehin verlassen wollte, fiel mir die Zusage diesmal nicht schwer, also packte ich meine wenigen Sachen in den schwarz-orangenen Backpack, ein paar Anziehsachen, außerdem meine Schürze und die Metzgerbluse sowie ein Schlachtermesser, das ich in Australien gekauft hatte.

Überraschenderweise musste ich am Airport von Brisbane, bevor ich den nächsten Flieger nach Neuseeland besteigen konnte, erst einmal ein Flugticket lösen, mit dem ich das Land wieder würde verlassen können. Wenn ich eine solche Buchung nicht vorweisen könnte, hieß es am Schalter, dürfte ich gar nicht erst einreisen.

Davon hörte ich zum ersten Mal, was vermutlich damit zu tun hatte, dass ich mich nie lange auf meine Reisen vorbereitete. Spontan entschied ich mich für ein Weiterflugticket nach Fidschi, womit nun auch die übernächste Etappe meiner Reise schon feststand.

Am 28. Februar 2010 verließ ich Brisbane und Australien, und gute drei Stunden später erreichte ich Christchurch auf der Südinsel Neuseelands.

Mein Visum galt für ein Vierteljahr.

Neuseeland und ich, das passte vom ersten Augenblick perfekt zusammen. Das Leben auf der Südinsel und in Christchurch erwies sich als entspannt, die Bewohner waren zugänglich und freundlich und nahmen sich immer Zeit für ein Schwätzchen und eine Tasse Kaffee. Christchurch war eine Stadt mit rund 350.000 Einwohnern, man genoss den Sommer, und das Leben spielte sich draußen ab, auf den Straßen und in den vielen Buchten am Meer. In der Ferne boten die Gipfel der Southern Alpes ein erhabenes Panorama.

Anderthalb Wochen wohnte ich im Stadtteil New Brighton im *Point Break Backpackers & Cafe*. Von dort aus waren es nur wenige Schritte zum Strand und zum Meer. Oft erkundete ich die Stadt mit der Straßenbahn, deren Wagen an der Seite offen waren, ich konnte auf- und wieder abspringen, wann ich wollte.

Wenn ich heute nach meinen Lieblingsstädten gefragt werde, zähle ich Christchurch immer noch dazu. Als die Stadt im September 2010 und im Februar 2011 durch gewaltige Erdbeben verwüstet wurde, bei denen 185 Menschen starben, musste ich ganz schön schlucken. Auch das Hostel wurde beim Erdbeben zerstört, wie die meisten Gebäude im Viertel.

Anfang 2010 war davon noch nichts zu ahnen. Christchurch mit seinen coolen und charmanten Bewohnern schien der friedvollste Platz auf der Erde zu sein.

Dan arbeitete achtzig Kilometer entfernt von Christchurch auf einer Schaffarm beim Mount Hutt, einem über zweitausend Meter hohen Berg in der Region Canterbury. Kennengelernt hatte ich den holländischen Backpacker in Australien, genauer gesagt auf einem Zeltplatz in Darwin, wo wir schnell festgestellt hatten, dass uns eines verband – wir wollten das Leben in vollen Zügen genießen.

Auf der Farm hatte Dan sich extra einen Monat freigenommen, damit wir gemeinsam die Südinsel bereisen konnten. Breit grinsend kam er mit seinem Campingbus in Christchurch an, einem umgebauten Kleintransporter, in dem wir hinten zu zweit auf Matratzen übernachten würden.

Dan zählte zu der Sorte von tiefenentspannten Kiffern, die nichts aus der Ruhe bringen konnte – es sei denn, das Dope ging aus. Im Hostel schlossen sich uns Nadine und Claudette aus der Schweiz an, sie hatten einen Zettel an die Pinnwand gesteckt, um eine Mitfahrgelegenheit zu finden. Da konnten wir helfen. Natürlich waren Dan und ich überzeugt, dass wir den Mädels auch sonst einiges zu bieten hätten.

Zu viert verließen wir Christchurch und tingelten die Ostküste hoch nach Kaikoura, einem Dorf am Pazifischen Ozean, wo wir Wale und Delfine beobachten konnten. Auf Steinen am Wasser sonnten sich die Seelöwen, ich legte mich daneben und schlief kurz darauf einfach ein. Es gibt wenig Plätze auf der Welt, an denen ich mich der Natur je so eng verbunden gefühlt habe wie in Neuseeland.

Über fünfhundert Kilometer südlich von Kaikoura lag Dunedin, die zweitgrößte Stadt der Südinsel. Im North East Valley, wenige Kilometer außerhalb von Dunedin, befand sich die Baldwin Street – mit einer Steigung von fünfunddreißig Prozent die steilste Straße der Welt. Sie war so steil, dass sie nur aus nacktem Beton bestand, Teer wäre ins Rutschen gekommen. Wenn es windete, rollten die Mülltonnen nach unten, daran hatten sich die Bewohner längst gewöhnt.

Nur einmal war in der Baldwin Street etwas Schlimmes passiert. Zwei Studenten, ein Kerl und ein Mädchen, waren nachts in eine Mülltonne gestiegen, um die Straße hinunterzurasen. Die Tonne rammte einen Anhänger, das Mädchen war sofort tot.

Bevor wir die 350 Meter lange Baldwin Street hochstiegen, rauchten wir erst einmal ein paar Joints. Es war allerdings keine gute Idee, »vollgekifft Schwerstarbeit zu verrichten«, wie Dan es formulierte. Wir gingen einen Schritt vorwärts, taumelten zwei zurück und kamen ganz schön außer Puste.

Die steilste Straße der Welt

2010 war die Baldwin Street noch ein Insidertipp unter Backpackern, später wurde sie zu einem Touristenmagnet, an dem sogar Wohnungen vermietet werden: Übernachten an der steilsten Straße der Welt!

In Dunedin schlug Dan die Richtung zum Catlins Forest Park ein, der an der dünn besiedelten Südküste der Insel liegt. Der Trip mit den Schweizerinnen gewann unterdessen immer mehr an Reiz – anfangs übernachteten die beiden gemeinsam in ihrem Zelt, aber mit der Zeit bürgerte es sich ein, dass Nadine mit mir im Zelt und Claudette mit Dan im Bus schlief. Seitdem weiß ich, wie sich Orgasmen bei einer Schwiizerdütschen anhören. Ziemlich laut!

Als wir im Catlins Forest Park die Matai Falls besuchten, alberten wir herum, ich ließ am Wasserfall meine Hose herunter, streckte meine geöffneten Arme dem Wasser entgegen und hielt meinen Hintern in die Kamera. Es war das erste einer Serie von Fotos mit meinem verlängerten Rücken, die ich unterwegs in den sozialen Medien postete. Wenn ein Pulk von Backpackern

Mein allererstes Arschfoto

sich vor den üblichen Motiven fotografieren ließ, verweigerte ich mich. Ich hatte keine Lust auf die immer gleichen Fotos und das übliche Grinsegesicht. Da hielt ich lieber meinen Allerwertesten in die Kamera. Als ein Freund von mir das erste Popo-Bild sah, brachte er es auf den Punkt: Ein Arsch reist um die Welt.

Wenn ich ein paar Wochen lang keinen Hintern gepostet hatte, kamen die Reaktionen: Was ist los mit dir? Diese Posts wurden zu meinem Markenzeichen, sie standen auch für die Haltung, die ich auf meiner langen Reise entwickelte: Mir kann keiner was!

Queenstown war die Partystadt der Südinsel mit dem Lake Wakatipu in der Mitte und den neuseeländischen Alpen drum herum. Die Stadt war bekannt für ihre exklusiven Outdoor-Angebote, es gab Leute, die Queenstown als die Hauptstadt des Adrenalins bezeichneten. Man konnte hier am selben Tag Surfen und Skifahren, und wer es sich leisten konnte, bretterte zwischendurch mit dem Speedboat über das Wasser. Allerding war das Amüsement in Queenstown nicht gerade umsonst zu haben, und so zogen wir bald weiter. Auf die vielen Schickimicki-Touristen mit ihren Gucci-Täschchen hatten wir einfach keine Lust. Wir wollten richtige Abenteuer erleben!

In der Nähe von Queenstown, im Central Otago District, hatten zwei junge Neuseeländer, AJ Hackett und Henry van Asch, in den 1980er-Jahren auf der historischen Kawarau-Brücke den Bungee-Jump erfunden. Dreiundvierzig Meter hatten sie sich in die Tiefe gestürzt. Mit ihrem Sprung am Gummiseil war das Bungee-Jumping in Neuseeland geboren worden, und schnell hatte es sich auf der ganzen Welt verbreitet.

Lässig absolvierte Dan den Sprung von der Kawarau-Brücke, es war für ihn nur die Einstimmung auf den Sprung der Sprünge.

Gemeinsam wollten wir den *Nevis River Jump* angehen, damals mit 440 Fuß oder 134 Metern der höchste Bungee-Sprung in Neuseeland – und für mich der erste Bungee überhaupt. Über eine Hängebrücke musste man zu einer Plattform steigen, wo eine offene Kabine wartete, die wie eine Seilbahn an Drahtseilen über der Schlucht pendelte. Ich stand auf der Hängebrücke, die hin- und herschwankte, neben mir kotzten einige junge Backpacker und traten im letzten Augenblick noch zurück. Mir schlotterten die Knie, ich zitterte und fing immer wieder an zu würgen. Dan und ich hatten bis spät in die Nacht gepichelt, mir war speiübel, bevor ich auch nur einen Fuß in die Kabine setzte. Unten floss der Nevis River wie ein dünner Faden durch die Schlucht.

AJ Hackett und Henry van Asch hatten sich sicher nicht so beschissen gefühlt vor ihrem ersten Sprung. Wenn das Seil riss, schoss es mir durch den Kopf, dann wäre alles vorbei, auch meine beschissene Panik hätte ein Ende. Aber ich war zu geizig, um zu kneifen. Ich hatte umgerechnet zweihundert Euro bezahlt, und dafür wollte ich etwas erleben.

»One, two, bungee«, zählte der Typ, der mir das Seil angelegt hatte. Ich sprang und schrie vor Euphorie und Angst, bis meine Stimme versagte. Als das Seil mich wieder nach oben zog, hatte ich nicht mehr so viel im Magen wie vor dem Sprung. Ich war auf einen Schlag wieder nüchtern und klar im Kopf.

DAUERBREIT AUF KIWI EXPERIENCE

Nach einem Monat flog ich von Christchurch nach Wellington und wechselte damit von der Südinsel Neuseelands auf den

Nordteil. Neuseeland war bekannt für seine Partybusse, die Exzess pur versprachen. *Kiwi Experience* hießen die Touren, und der Name war gerechtfertigt – kein Backpacker ließ sich das entgegen. Die Stillen entdeckten plötzlich ihre laute Seite, und sogar die Verklemmten kamen auf ihre Kosten. Es war leicht, mit den anderen in Kontakt zu kommen: Wo kommst du her? Was sind deine Pläne, kann ich mich dir anschließen?

Im Experience-Bus erlebte ich Neuseeland wie in Trance, ich kann mich heute kaum an eine nüchterne Minute erinnern. Die Tage und Nächte waren bestimmt von jeder Menge Alkohol, Drogen und Sex. Exzess und Hangover wechselten sich ab, es waren verrückte Tage in rasanter Geschwindigkeit. Tagsüber soffen und kifften wir im Bus, abends ging es in den Hostels weiter, oft bis in den nächsten Morgen hinein. Manchmal bezog ich bei der Ankunft noch mein Bett, aber meist warf ich das Bettzeug einfach in die Ecke. Vermutlich würde ich sowieso nicht auf meiner eigenen Matratze pennen, und wenn, dann könnte ich auch im ungemachten Bett einschlafen.

Kiwi Experience bot Tickets an, mit denen man jederzeit den Bus verlassen und später einen anderen entern und weiterfahren konnte. Ich inspizierte grundsätzlich erst die anderen Backpacker, bevor ich mich für einen Bus entschied. Wenn die Truppe langweilig aussah, dann wartete ich auf den nächsten Bus, der mehr Spaß und Unterhaltung versprach. Wenn nette Mädels drinsaßen, stieg ich zu.

Die neuseeländischen Frauen fand ich im Allgemeinen nicht so attraktiv, da hatten mir die Australierinnen besser gefallen. Aber in den Bussen saßen immer Frauen aus den unterschiedlichsten Ländern. Oft erzählte ich ihnen, dass ich Krokodiltrainer sei. Oder

Schauspieler, für Erwachsenenfilme. Einige fielen tatsächlich darauf herein. Manche reagierten schockiert, andere fanden das cool und sagten: »Dann hast du es bestimmt drauf im Bett.«

»Das können wir gern zusammen herausfinden«, war dann meine Antwort. Dass ich gelernter Metzger war und mit einer Schlachterausrüstung reiste, verschwieg ich lieber, das kam beim anderen Geschlecht nicht so gut an. Krokodildompteur und Schauspieler im Pornogewerbe klang anscheinend interessanter und verheißungsvoller.

Auf einer der Touren ging ein Typ mit einer Liste durch den Bus: »Da könnt ihr euch schon mal eintragen.«

Ich unterschrieb im bekifften Kopf. Als wir am nächsten Morgen im Hostel geweckt wurden, konnte ich mich nicht daran erinnern, einen Skydive gebucht zu haben. Ich frühstückte ein paar Aspirin und bekam erst nach und nach mit, worauf ich mich da eingelassen hatte. Das war kein Gag, wir sollten mit dem Tandem-Gleitschirm über dem Lake Taupo abspringen, Neuseelands größtem See, der sich in einem gigantischen Vulkankrater gebildet hatte.

Ich hatte den schlimmsten Hangover, den man sich vorstellen kann. Immer wenn es gefährlich wurde, musste ich anscheinend völlig verkatert sein. Das Flugzeug startete in Hamilton und stieg auf über dreitausend Meter Höhe, als die Tür aufging, hatte ich einen ganz schönen Bolzen in der Hose. Unten konnte ich ein unscharfes Blau erkennen, das Wasser des Lake Taupo, die Landschaft war in ein dunkles Grünbraun verpixelt.

»Ich will da nicht runterspringen«, begann ich zu schreien. »Ich will noch leben!«

Aber mein Tandempartner schob mich in Richtung Abgrund. Nach dem Absprung sollte man die Arme über der Brust verschränken und bis zehn zählen, sie dann öffnen. Ich hatte alles vergessen, und wir rasten in einem irren Tempo auf die Erde zu, der See wurde immer größer, er würde uns gleich verschlucken. Ich starb auf dem Weg nach unten tausend Tode, und dann wurde ich wiedergeboren, lebendiger als zuvor. Der Schirm öffnete sich, es zog uns nach oben, danach schwebten wir minutenlang sanft dem Boden entgegen.

Mein erster Bungeesprung hatte mich schon umgehauen, und der war nach zehn Sekunden vorbei gewesen. Eine ganze Minute im freien Fall hingegen, das war unvorstellbar lang und intensiv und wunderschön. Den Lake Taupo, eingerahmt von schneebedeckten Berggipfeln, von oben zu sehen, das würde ich nie mehr vergessen.

Ich konnte nicht genug bekommen von diesen besonderen Momenten, diesen Adrenalin-Kicks, die ich immer wieder spüren wollte. Ich merkte schnell, dass ich furchtloser war als andere. Ich fand Gefallen daran, mich von Brücken und Wolkenkratzern zu stürzen. Es konnte nicht riskant genug sein, mir war es egal, wenn ich dabei mein Leben riskierte.

Im Internet las ich von einer Gruppe, die denselben Thrill suchte: *100 things to do before you die.* Bald fing ich an, meine eigene Liste zu führen mit Abenteuern, die ich unbedingt noch erleben wollte: mich in Südafrika mit weißen Haien einzulassen oder in Bolivien mit dem Fahrrad die Todesstraße hinunterzurasen, die als gefährlichste Straße der Welt gilt.

Bevor ein falscher Eindruck entsteht – ich habe in Neuseeland nicht nur gesoffen und mich vergnügt. Es gab auch Tage, die ich mit klarem Verstand erlebte. Ich war angeln, surfen, biken und segeln. Ich wanderte zwei Tage am Milfort Sound, Neuseelands spektakulärstem Fjord. Ich war schwer beeindruckt von den steil abfallenden Klippen des Fjords, von dem sich etliche Wasserfälle in die Bucht stürzen.

Auf der Nordinsel Neuseelands arbeitete ich in der Nähe von Hamilton auf einer Schaffarm, der Farmer hatte mehrere Tausend Schafe auf der Weide stehen. Für Unterkunft und Essen schlachtete ich in aller Ruhe Schafe, zerlegte sie und portionierte das Fleisch. Der Farmer war ein echter Überlebenskünstler, er beschäftigte regelmäßig Backpacker, die auf der Farm Hand anlegten. Seine Scheune hatte er ausgebaut, da trafen wir Backpacker uns am Abend und saßen zusammen. Auch der Chef hatte immer einen Joint am Glimmen, den Stoff gab es bei ihm für lau, als Teil des Arbeitslohns. Ich fing grundsätzlich aber erst abends an zu rauchen. Zugekifft zu schlachten, das konnte ich nicht, da hätte ich bald keine zehn Finger mehr an den Händen gehabt, und es entsprach auch nicht meinem Arbeitsethos.

SEX FÜR EINEN SCHLAFPLATZ: MEINE TAGE MIT MILF

Auf der Nordinsel lernte ich beim Trampen eine attraktive Neuseeländerin in den besten Jahren kennen. Es entwickelte sich eine merkwürdige Affäre, wie ich sie danach nie wieder erlebt habe. Die Lady nannte ich Milf, die Abkürzung für *Mum, I'd like to f****, die Mutti, die ich gern rannehmen würde. Mit dem Bus war ich ein Stück aus Auckland hinausgefahren, um dann weiter in Richtung Süden zu trampen. Ich hatte ein Zelt dabei und wollte übernachten, wo es gerade passte. Zeit hatte ich genug, und das Leben auf der Straße war nicht teuer. Nach den Exzessen in den Partybussen wollte ich zudem ein wenig allein sein. Das brauchte ich gelegentlich, um nachdenken und zu mir kommen zu können.

Ich stand schon eine Weile am Straßenrand, als Milf anhielt und mich in ihren Geländewagen einstiegen ließ. Sie war über vierzig, sah sehr gut aus, blond und schlank. Man wäre nicht sofort darauf gekommen, aber sie war fast doppelt so alt wie ich und hätte meine Mutter sein können. Nachdem wir einige Kilometer zurückgelegt hatten, bot sie mir einen Schlafplatz an. Dann bräuchte ich nicht auf dem Campingplatz zu übernachten, sagte sie. Sie bewohnte eine großzügig bemessene und weiß gestrichene Villa auf einem Hügel, mit bestem Blick auf Lake Taupo. Ihre beiden Töchter waren schon ausgezogen, ihr Mann, erzählte sie, sei mit einer Jüngeren abgezogen. Arbeiten musste sie nicht, das Haus war schuldenfrei, ihr Ex bezahlte den Unterhalt. Ich konnte mich frei bewegen und mich aufhalten, wo ich wollte. So viel Großzügigkeit war mir zunächst etwas unangenehm, deshalb versprach ich, mich behilflich zu machen: abwaschen, Rasen mähen und kochen.

Da, sagte Milf, habe sie eine bessere Idee. Sie sei schon eine Weile allein und könne etwas Nähe vertragen.

Und so wurde ich ihr kleiner Toy-Boy. Meine Aufgaben waren klar definiert – ich erledigte den Abwasch, mähte den Rasen und musste als Liebhaber zu Diensten sein, wenn ihr danach war, manchmal mehrmals am Tag.

»Du musst wieder arbeiten, Michael«, sagte sie dann.

Wir schliefen überall auf dem Anwesen miteinander, manchmal draußen auf dem Balkon, mit bestem Blick auf den See. Manchmal im Garten, mit nur den Himmel über uns, überall, wo Milf es gerade wollte.

Vögeln für einen Schlafplatz, das kannte ich so auch noch nicht. Milf war ziemlich ausgehungert, und ich hatte meinerseits Sex noch nie als lästig empfunden. Im Gegenteil, es gab Zeiten, da konnte ich selbst nicht genug bekommen.

An das Leben auf dem Hügel gewöhnte ich mich schnell. Milf war eine Frau mit Stil, wir aßen und tranken Wein zusammen, meist lief Reggae als Soundtrack zu unserer wilden Affäre, die langsam zur Romanze wurde.

Auf dem Lake Taupo stand ein gewaltiger Staudamm, an dem regelmäßig eine Schleuse geöffnet und Wasser abgelassen wurde, wodurch Wellen entstanden. Die Einheimischen warteten dann in Booten vor der Staumauer, um sich vom Wasserstrom antreiben zu lassen. In den Booten saßen oftmals Liebespaare und genossen die romantische Stimmung. Auch Milf und ich saßen uns im Boot gegenüber wie die Verliebten, die sich auf dem See die ewige Liebe und ähnliche Sentimentalitäten versprachen. Als ich zu spüren begann, dass Milf mehr in mir sah als ihren kleinen Toy-Boy, wurde ich unruhig. Ich konnte nicht ewig bei Mutti bleiben, ich brauchte Abwechslung im Leben. Ich konnte mich unmöglich an jemanden binden. Sie hätte mir vermutlich alles gegeben, um mich zu halten, vor allem ihre Gefühle und Wärme.

Als ich nach zwei Wochen wieder loszog und mich noch einmal umdrehte, stand sie mit traurigen Augen vor ihrer viel zu großen Villa. Manchmal frage ich mich heute, was Milf wohl gerade macht. Wer ihr wohl den Rasen mäht, die langen Tage und das Bett mit ihr teilt?

SEGA NA LEGA: GEFANGEN IN DER ZEITKAPSEL

Willkommen in der Zeitkapsel. Wer auf die Fidschis will, sollte alles vergessen, was er über Zeit und Raum weiß. Die Fidschianer lassen sich nicht hetzen und kennen nur einen einzigen Rhythmus: die Gemächlichkeit. Man hört das Schleifen ihrer Füße auf dem Boden, man hört die Sandkörner unter den Sohlen knirschen. Alle begrüßen sich mit *Bula* – dem Hallo auf Fidschianisch.

Bula hier, *Bula* da, und immer die Ruhe bewahren, das ist das oberste Gebot in dem Inselstaat im Südpazifik. Nach meiner Exzess-Tour durch Neuseeland kam mir diese Oase der Entschleunigung gerade recht, ich wollte auf den Fidschis einfach nur entspannen und am Strand die Füße hochlegen. Ich wollte Urlaub vom Backpacking machen und endlich einmal keinen Rucksack auf den Schultern tragen. Da störte es mich auch nicht, dass der elektrische Strom nur wenige Stunden am Tag durch die Leitungen des Backpacker-Resorts floss und es keine Internetverbindung gab. Es war gut auszuhalten ohne die neuesten Nachrichten, ich musste nicht unbedingt wissen, was auf der Welt gerade wieder Schreckliches geschah.

Am 17. April 2010 hatte ich Neuseeland hinter mir gelassen. Ich sah verwegen aus mit meinen blonden Cornrows, Zöpfen, die mir eine junge Frau in einem Hostel in Auckland noch geflochten hatte. Im Flugzeug von Auckland nach Nadi ging es hoch her, die meisten Passagiere sprachen dem traditionellen Schnaps der Fidschi-Inseln zu, den ich nach ein paar Gläschen *Bounty-Schnaps* taufte, weil er mich an den Geschmack von Kokosnuss erinnerte. Im Flugzeug wurde ich dauernd angequatscht und eingeladen: »Du kannst bei mir schlafen«, hieß es immer wieder.

Ich hatte mir jedoch schon ein Zimmer via Couch-Surfing auf Viti Levu organisiert, der Hauptinsel der Fidschi-Gruppe.

Beim Empfang kam die Folklore nicht zu kurz, wir wurden begrüßt von Einheimischen in Hawaiihemden, die auf der Ukulele spielten. Jede der etwa hundert bewohnten Inseln im Südpazifik zelebrierte bei derartigen Gelegenheiten ihren eigenen Song. Die Botschaft, die in den Liedern vermittelt wurde, war immer dieselbe – kein Stress, mein Freund, du bis jetzt in der Republik Fidschi angekommen.

Diana, meine Vermieterin, wartete am Flughafen auf mich. Wir deckten uns mit Bier ein und drehten erst mal einen fetten Dübel. Ich war schon ordentlich bedient, aber Diana baute sofort einen zweiten Joint. »It's fidschi time«, grinste sie, oder in der Sprache der Einheimischen: *Sega na lega.*

Das war die magische Formel auf den Inseln, die immer half. Sega na lega bedeutete: Komm mal runter, bloß keinen Stress! Auf den Fidschis gab es keine Probleme. Selbst der Tod wirkte undramatisch. Die Toten wurden auf einem Boot aufgebahrt und geschmückt, die Angehörigen begleiteten das Totenboot auf das offene Meer, wo es sich selbst überlassen wurde. Dann konnte das Leben weitergehen.

Wenn in der Republik Fidschi etwas nicht klappte, wurde es einfach verdrängt oder später erledigt. Eine sympathische Einstellung, fand ich und übte mich in Fidschi-Gelassenheit.

Nach etlichen Bieren und einigen Dübeln zog ich später am Abend nach Mana Lagoon um, eine Insel, auf der ich beinahe zwei Wochen verbrachte. Die Fahrt über die kurze Distanz dauerte anderthalb Stunden, weil das Boot-Taxi überall hielt und es nicht eilig hatte. Ursprünglich wollte ich von einer Insel zur nächsten wechseln, aber Diana hatte mir das Insel-Hopping ausgeredet und mich nach Mana Lagoon vermittelt. Da sei es am schönsten, behauptete sie. Aber das war nicht der einzige Grund, wie sich bald herausstellen sollte.

Der Umgang mit der Zeit auf dem Inselstaat zwischen Neuseeland und Australien mochte lässig sein, aber gerechnet und kalkuliert wurde dort ganz genau. Die gängige Währung in der Republik war der Fidschi-Dollar. Von den Banknoten und den Münzen schaute einem die britische Königin Elisabeth II. entgegen, die nach der Unabhängigkeit des Landes 1987 zum Obersten Häuptling von Fidschi gekürt worden war. Besucher mit begrenztem Budget wie wir Backpacker hausten in Bretterbuden mit Gemeinschaftsdusche. Unsere Dusche war nach oben offen, weil es gebrannt hatte. Das Dach war nie repariert worden, und irgendwann hatten sich alle an die Naturdusche gewöhnt: Sega na lega, wer wollte sich an so etwas schon stören?

Wir Backpacker lebten mit den Einheimischen zusammen, die auch in der Anlage kochten, dann wurde gemeinsam gegessen. Auf den Speiseplan war Verlass – es gab jeden Tag Fisch mit Reis und danach Melone und Kokosnuss.

Das tägliche Ritual, das auf das Essen folgte, gefiel mir besser. Jeden Abend saßen alle im Schneidersitz im Kreis zusammen und erfreuten sich an *Kava*, der einheimischen Droge. *Kava* ist ein Strauch, der mit dem Schwarzen Pfeffer verwandt ist. Die Wurzeln der Pflanze werden mit Bambusmilch in einer großen Schüssel erhitzt, bis sie ihre Wirkung entfaltet. *Kava* ist die ideale Droge, um abzuschalten und zu entspannen. Man fährt ein paar Energiestufen runter, bis man sich schließlich im Fidschi-Modus befindet: Warum soll ich jetzt etwas erledigen, wenn das auch noch später geht?

Meist lag ich tagsüber in der Hängematte, mit einigen Plänen im Kopf, und die Zeit plätscherte dahin. Aber dann wurde ich müde, dämmerte weg und dachte: It's fidschi time, wird schon. Mache ich morgen, ganz bestimmt. Aber heute lasst mich bitte in Ruhe.

Nur selten schaffte ich es, mich mal aus der Hängematte zu hieven. Einmal raffte ich mich zum Spearfishing auf, einer uralten Methode des Fischfangs. Ich tauchte abends mit einer Lampe und Harpune ab, auch die Fische ruhten dann auf Fidschi-Art und ließen sich einfach abschießen. Was an der Harpune hing, kam auf den Grill. Das eigene Essen gefangen zu haben, darauf war ich schon ein wenig stolz.

Etwas Abwechslung in den verlangsamten Inselalltag brachten auch Trav und Taylor, ein afro-kanadisches Paar, das als Flugbegleiter unterwegs war und dem ich immer wieder völlig unerwartet an irgendeinem Zipfel dieser Welt begegnete. Die beiden waren ziemlich locker, auf den Fidschis vollzogen wir spontan den Partnertausch. Trav war scharf auf eine Österreicherin mit blondroten Dreadlocks, die bei mir war. Und ich hatte nichts dagegen, die verborgenen Seiten der attraktiven Taylor näher kennenzulernen.

Auf Mana Lagoon ließ ich mich von einem Fidschianer tätowieren, der gern zur Nadel griff, wenn alle betrunken waren. Weil er mit einer einzigen Nadel zwölf Leuten einen Smiley auf den großen Zeh gesetzt hatte, mussten wir zum Aids-Test nach Viti Levu. Wie bescheuert wir waren, wurde uns erst klar, als wir zerknittert in der Arztpraxis auf das Ergebnis warteten. Aber so wusste ich wenigstens, dass ich mich bester Gesundheit erfreute, was nicht selbstverständlich war bei meinem Lebensstil. Wenig später ließ ich mir das Mantra der Fidschianer – Sega na lega – auf den rechten Unterarm stechen.

In meinem Zustand der Dauerentspannung begriff ich erst langsam, welchen Regeln der Tourismus auf den Inseln folgte. Die Einheimischen waren freundlich und luden einen auf ein Bier oder ein Glas *Kava* ein. Nebenbei erzählten sie, was man unbedingt gesehen haben musste auf den Fidschis. Sie lebten davon, dass sie sich gegenseitig die Touristen schickten – so wie das woanders auch funktioniert. Was mich daran jedoch zu stören begann, war die Doppelmoral: Sie gaben sich locker, hatten aber vor allem Interesse an meinem Geld.

Und manchmal wurde ihre Geschäftstüchtigkeit zur Abzocke. Am Abend trank ich gern ein paar Biere, die ich anschreiben lassen konnte. Sega na lega, my friend, wir helfen dir gern, wenn du so durstig bist. Aber als ich abreisen wollte, präsentierte mir der Wirt eine abenteuerliche Rechnung. Das halbe Dorf hatte auf meine Kosten mitgetrunken, und da wich die antrainierte Gelassenheit schnell meinem strengen sächsischen Naturell. Ich beglich nur einen Teil der Zeche und machte mich auf den Weg zum Flughafen.

Ich musste auf die Hauptinsel, von wo mein Flug von Nadi über Brisbane nach Japan gehen sollte. Das Boot-Taxi ließ sich an diesem Tag besonders viel Zeit. Der Fahrer hielt überall ein Schwätzchen, während mir die Düse ging, dass ich mein Flugzeug verpassen könnte. Dass ich es eilig hatte, interessierte niemanden. Der Spaß hörte endgültig auf, als sich am Flughafen ein Geldeintreiber des Wirts vor mir aufbaute: »Du kannst doch nicht einfach abhauen, ohne zu bezahlen, mein Freund. Wir haben dich doch so gut versorgt!«

Ich drückte ihm ein Bündel Fidschi-Dollars in die Hand, von denen mich Queen Elisabeth, der Oberste Häuptling der Inseln, streng anblickte. Ich verschwand schnell, als ein paar Gestalten in Hawaii-Hemden anfingen, auf der Ukulele zu spielen. Am Flughafen erfuhr ich, dass mein Flug nach Japan fünf Stunden später starten würde. Vermutlich hatten alle Bescheid gewusst, außer mir.

That's Fidschi time, my friend.

JAPAN, KOREA, CHINA: KULTURSCHOCK IN OSTASIEN

JAPAN: DAS LANGE WARTEN AUF SEX

Unter Backpackern war Japan nicht beliebt. Es galt als teuer und bot offenbar kaum Infrastruktur für Rucksackreisende – Hostels und Hotspots wie in Australien oder Neuseeland waren dort nicht zu finden. Viele, die trotzdem nach Japan gefahren waren, schwärmten allerdings davon, wie einzigartig die japanische Kultur sei. Ich zum Beispiel war neugierig auf die kulinarischen Reize, die Japan zu bieten hatte. Außerdem hatte ich gehört, dass die moderne Technik in diesem Land eine so große Rolle spielte wie nirgendwo sonst – und auch das lockte mich.

Bevor ich mich an diesen Dingen erfreuen konnte, musste ich allerdings den gewaltigen Unterschied zwischen den Fidschis und Tokio bewältigen. Nach dem seichten Ist-mir-doch-alles-egal-Rhythmus der Fidschianer hatte ich es auf einen Schlag mit

einem aufgeregten und zielgerichteten Hochgeschwindigkeits-
tempo zu tun. Der Stress begann schon am Flughafen in Tokio.
Ich wollte couchsurfen und hatte mich übers Internet bei einer
Amerikanerin eingemietet, die in Tokio Englisch unterrichtete.
Ihre Adresse kannte ich nicht, da sie mich am Flughafen abho-
len wollte. Der Zoll aber wollte mich nicht einreisen lassen, da
ich nicht nachweisen konnte, wo ich mich aufhalten würde. Die
Zöllner wollten einfach nicht glauben, dass ich die Adresse der
Wohnung nicht wusste. So ahnungslos, sagten sie, reise kein
Mensch. Nur mit Mühe gelang es mir, die Beamten davon zu
überzeugen, dass sie mich doch ins Land ließen.

Eine Woche lang blieb ich in Tokio und wohnte bei meiner Gast-
geberin. Unser Umgang war eher kühl, aber sie bot an, mich
durch diese Riesenstadt mit beinahe zehn Millionen Bewohnern
zu führen, was ich gern annahm. Ich besuchte Shibuya, das Viertel mit der berühmtesten Straßenecke der Welt. Die an der West-
seite des Bahnhofs gelegene Kreuzung wird pro Ampelphase von
bis zu 15.000 Menschen überquert – eine unvorstellbare Menge wuselnder Passanten. Dabei werden alle Fußgängerampeln
gleichzeitig auf Grün geschaltet, sodass die Leute nicht nur von
einer Straßenseite auf die gegenüberliegende wechseln, sondern
die Kreuzung auch diagonal überqueren können. Was nach Chaos klingt, ist in Tokios Alltag bestens erprobt.

Inzwischen verstehe ich gut, warum Shibuya häufig als Symbol für die Geschäftigkeit und Enge Tokios genannt wird. Dort
kann man auch erleben, wie technikbesessen viele Japaner sind.
Es ist das Elektroviertel, in dem Abertausende Lichter in einem
funkelnden Spektakel blinken. Einige Tokioter gehen mit Robo-

terhunden spazieren und behandeln sie wie echte Haustiere. Inzwischen gibt es sogar Friedhöfe für funktionsuntüchtige Roboter-Haustiere. Ob man in den anderen Ländern auch bald um defekte Metallhunde trauern wird?

In den U-Bahnen waren ebenfalls alle mit technischen Geräten und Gimmicks beschäftigt, selbst die Alten zogen den Schlüsselbund aus der Tasche und fütterten ihre Tamagotchis.

In Tokio erlebte ich zudem mein erstes schweres Erdbeben mit einer Stärke von 5,5 auf der Richterskala. Für die Einwohner war ein Beben dieser Stärke fast alltäglich, mir hingegen war ganz schön mulmig zumute. Ich musste mich unter einen stabilen Türrahmen stellen, bis die Erde sich wieder beruhigte. Oft blieben Türrahmen stehen, hatte man mir gesagt, und trotzten einem Beben, selbst wenn die restliche Wohnung zerstört wurde.

Von Tokio trampte ich nach Kyoto. Viele Touristen waren in Japan mit dem Railpass unterwegs, den man sich vor Reiseantritt kaufen musste, da er vor Ort in Japan nicht erhältlich war. Weil ich nicht an das Ticket gedacht hatte, stellte ich mich an die Straße und versuchte per Anhalter weiterzukommen. Trampen war nicht üblich in Japan, was für mich allerdings ein großes Glück war – ein blonder Fremder mit Rucksack am Straßenrand, das war eine kleine Sensation im japanischen Straßenverkehr.

Es hielten sofort mehrere Autos an, und die Fahrer fingen an zu streiten, wer von ihnen mich mitnehmen dürfte. Der Japaner, bei dem ich dann einstieg, hatte wohl die besten Argumente, er wollte mich unbedingt zu Hause seinem Sohn als Geburtstagsgeschenk präsentieren. Der hatte noch nie einen Europäer gesehen. Ich tat ihm den Gefallen und blieb ein paar Stunden als lebendiges Präsent bei der Familie – ein fröhlicher Nachmittag, auch wenn wir nicht alles verstanden, was wir uns gegenseitig erzählten.

Kyoto liegt im Westen der Hauptinsel und hatte es mir sofort angetan. Obwohl in Kyoto beinahe anderthalb Millionen Menschen leben, ging es weit weniger hektisch zu als in Tokio. Es herrschte kein Verkehrschaos, viele waren mit dem Fahrrad unterwegs, die Stadt war sehr grün und wurde von Parkanlagen durchzogen. Wer die japanische Kultur kennenlernen wollte, war hier richtig. In Kyoto besuchte ich den goldenen Pavillon, dessen obere Stockwerke vollständig mit Blattgold überzogen waren. Mit etwas Hartnäckigkeit schaffte ich es sogar, in einem Shukubō, einem buddhistischen Tempel, unterzukommen. Die Zimmer waren begehrt, obwohl sie winzig und spartanisch eingerichtet waren. Nur eine schmale, dünne Matratze lag auf dem Fußboden, links und rechts konnte ich mit den Händen die Wände berühren. Auf einen Fernseher oder auf andere technische Geräte war bei der Einrichtung bewusst verzichtet worden.

In dieser Tempelzelle kam ich endlich einmal wieder zur Ruhe. Ich fühlte mich wohler als in den japanischen Hotels im westlichen Stil, die ich in Tokyo besucht hatte und die sich kaum von den europäischen unterscheiden. Hier in Kyoto wurde schon am Morgen Miso-Suppe mit Tofu, Fisch, Gemüse und rohem Ei aufgetragen – ein energiereiches Frühstück in einer andächtigen und konzentrierten Atmosphäre.

Ich zog den Stecker, was das Feiern anging, mein Lotterleben konnte eine Pause vertragen. Ich war ohnehin so von den vielen mir fremden Eindrücken überwältigt, dass ich keine zusätzlichen

Stimulanzien mehr brauchte. Zumal nur wenige Länder so harte Anti-Drogen-Gesetze befolgen wie Japan. Natürlich werden auch dort Drogen konsumiert, aber strikt nur im Verborgenen, in der Öffentlichkeit sind Betäubungsmittel tabu. Immer wieder hörte ich Geschichten von der Yakuza, wie die japanischen Mafiasyndikate genannt werden, die auch den Handel mit Drogen organisieren. Als ich einmal in einer heißen Quelle baden wollte, wurde ich am Eingang abgewiesen, weil man meine Tätowierungen mit der Yakuza in Verbindung brachte. Dabei hatte ich mit der Mafia nun wirklich nichts zu tun.

Das Kriegsmuseum in Hiroshima, meiner nächsten Station, war für mich einer der traurigsten Plätze auf der Welt. Die Bilder nach dem Abwurf der Atombombe, die zeigten, wie Haut und Fleisch sich von den Knochen der Menschen lösten, erschütterten mich. Viele Amerikaner verließen heulend das Museum, mit diesem Teil ihrer Geschichte waren sie zu Hause in den USA noch nie konfrontiert worden. Auch ich stand da mit Tränen in den Augen, obwohl ich ein ziemlich robustes Gemüt habe. Die Amerikaner hatten in der Endphase des Zweiten Weltkriegs auch darüber nachgedacht, eine Atombombe über Dresden abzuwerfen. Das ging mir durch den Kopf, als ich mit den schrecklichen Eindrücken rang. Hiroshima trug auch dazu bei, mir die japanische Geschichte und Kultur nahezubringen. Mir imponierte die Mentalität der Japaner, die schon einen Tag nach dem Abwurf der Atombombe über Hiroshima angefangen hatten, ihre Stadt wieder aufzubauen.

Ich blieb länger im Land, als ich es geplant hatte, es wurden sechs Wochen. Ein Grund dafür war allerdings auch, dass ich einfach nicht an eine Japanerin rankam. In den anderen Ländern, in Australien, Neuseeland und auf den Fidschis hatte ich nie lange kämpfen müssen, wenn es um Sex ging. Aber in Japan zog meine übliche Masche nicht, was mich ärgerte und trotzig werden ließ. Ich wollte Japan nicht verlassen, bevor ich nicht Sex mit einer Einheimischen gehabt hätte.

Und so entstand im Juni 2010 der Vorsatz, der meine Reise von nun an prägen sollte: In jedem Land, das ich besuchte, wollte ich mindestens eine Frau ins Bett kriegen. Wenn mir das nicht auf dem üblichen Weg gelang, wollte ich dem ältesten Gewerbe der Welt einen Besuch abstatten.

In Japan klappte es erst in der allerletzten Nacht. Ich hatte schon das Schnellboot nach Busan in Südkorea gebucht und zweifelte schwer daran, ob ich noch Erfolg haben würde. Die Japaner sind verschlossen und bleiben meist unter sich. Selbst in der Disco oder in den Bars war es schwierig, mit ihnen in Kontakt zu kommen. Viele junge Japaner wohnten noch bei ihren Eltern, und es war verpönt, jemanden mit nach Hause zu bringen.

In der kleinen Küstenstadt Hakata verlief ich mich an diesem Abend, ich hatte Hunger und war auf der Suche nach einem Imbiss oder Restaurant. Ich stand vor einem Gebäude, eine Treppe führte in einen Keller hinunter, aus dem laute Geräusche drangen. Es war eine Mischung aus Karaoke-Bar und Rockclub, aus fetten Boxen dröhnten Gitarren. Ich konnte Japaner erkennen, die enthemmt am Feiern waren, ein ungewöhnliches Bild. Alle rauchten, der Dunst stand zwischen den Tischen, die Leute tranken Bier und Sake. Einige kauerten und lagen am Boden, sichtlich mitgenommen, und das, obwohl Japaner sich normalerweise in der Öffentlichkeit sehr korrekt zeigen und immer Haltung bewahren. Diese hier waren jedoch laut und alberten herum.

Die Gäste in dem Club kannten keine Scheu, mich auf Englisch anzusprechen, und so fand ich schließlich mein Japanese Girl. Sie war vielleicht neunzehn, zierlich und sehr hübsch. In ihren dunklen Augen lag ein geheimnisvoller und auch melancholischer Ausdruck. Sie studierte und hatte wohlhabende Eltern, weshalb sie sich schon eine eigene Wohnung leisten konnte. Ich sei fremd in Japan, erzählte ich ihr, und wolle unbedingt die wahre Kultur des Landes kennenlernen. Ob sie mir zeigen könnte, wie Japaner wohnten und lebten? Ich weiß nicht, ob sie ahnte, worauf sie sich einließ und was passieren würde. Ich war jedenfalls überrascht, dass sie mich mit zu sich nahm.

Als wir nach einer kurzen Taxifahrt ankamen, führte sie mich durch ihre Wohnung, und ich ging gleich volles Risiko und machte den nackten Mann. In diesem Fall half nur die plumpe Überrumpelungstaktik, um ans Ziel zu kommen. Es war schließlich meine allerletzte Chance. Und so viel kann ich verraten: Meine Ausdauer machte sich bezahlt.

KOREA: IM GETEILTEN LAND

Das Schnellboot machte seinem Namen alle Ehre. Gerade einmal anderthalb Stunden war es von Hakata nach Busan in Südkorea unterwegs und damit schneller als ein Flugzeug auf derselben Strecke. Busan war eine amerikanische Militärbasis, und ich empfand viele der jüngeren Bewohner als ziemlich amerikanisiert. Sie liefen in Baggy Pants herum wie die coolsten Rapper, und das nicht nur in der HipHop-Disco. Da hatten die Koreaner in Australien echter und natürlicher gewirkt. Das Gehabe ging mir ziemlich schnell auf den Senkel. Aber was die Kulinarik anging, war Südkorea überragend, es war eine der besten Küchen, die ich kennenlernte auf meinen Reisen. Ich genoss das koreanische Barbecue: Rind oder Huhn wurden auf dem Tisch gegart, dazu wurden Schälchen mit verschiedenen Gemüsesorten und Dips gereicht – ich konnte nicht genug davon kriegen.

In Busan befand sich der größte Fischmarkt des Landes, der *Jagalchi* Market am Nampo Port. Unter Wolkenkratzern und direkt am Wasser lag die viel besuchte Markthalle. Hier gab es so ziemlich alles, was im Meer zu Hause war, und in einem Teil der Halle standen Tische und Bänke, wo man die Spezialitäten gleich bestellen konnte. Dort wagte ich mich an *San Nakji* heran, die lebende Krake, die neben *Fugu*, dem japanischen Kugelfisch, als eine der gefährlichsten Speisen der Welt gilt. Die Tentakel der Krake werden abgehackt, dann wird sie in extra scharfes Chili getaucht, was sie für ein paar Momente starr werden lässt. In diesem Zustand wird sie gegessen, man sollte sich dabei aber beeilen. Wenn man zu langsam ist, dann löst sich die Starre, die Krake kann sich im Hals verkanten und die Atemwege blockieren – denn auch wenn der Arm sich nicht mehr am Körper des Tieres befindet, können sich die Muskeln noch Minuten später zusammenziehen. Daran ersticken jedes Jahr einige Gourmets in Südkorea. Ich war schnell genug, die Krake schmeckte mir auch gut, allerdings machte mir die ungewohnte Schärfe zu schaffen.

Ich bin schon oft gefragt worden, ob es sich lohnt, für dieses Gericht sein Leben zu riskieren. Ich habe es einfach gemacht.

Wer nichts riskiert, erlebt auch nichts. Außerdem bin ich überzeugt, dass es mich ohnehin nie trifft – ich werde von ziemlich vielen Schutzengeln bewacht, sonst wäre ich schon längst nicht mehr da ...

Mit dem Zug fuhr ich von der Poser-Stadt Busan weiter nach Seoul, der Hauptstadt Südkoreas. Wie schon in Busan wohnte ich bei einem Amerikaner, den ich über die Couch-Surfing-Webseite kontaktiert hatte. In Seoul lief mir zufällig ein Schweizer über den Weg, der auf Manga-Pornos abfuhr. Er ging regelmäßig in ein Sexkino, wo er sich in einer der Kabinen mit einer Taschenmuschi befriedigte. Das, behauptete er, sei auch unter Koreanern und Japaner eine beliebte Art, um Druck abzubauen. Ein Parallel-Universum mit Manga-Pornos und künstlichen Muschis – damit konnte ich nun gar nichts anfangen.

In Seoul wurde auf dem Berliner Platz ein Stück der Berliner Mauer ausgestellt, als Zeichen der Hoffnung auf Wiedervereinigung in dem seit 1948 getrennten Land. Was in Deutschland schon gelungen war, wollte auch Korea erreichen – ein angemessenes Symbol, fand ich. Das geteilte Korea beschäftigte mich ohnehin. Viele Touristen dort fuhren an den Strand zum Urlauben, ich beschloss, Nordkorea einen kurzen Besuch abzustatten.

Ich wollte unbedingt nach Kaesong an die Grenze zu Nordkorea, rund fünfzig Kilometer von Seoul entfernt. Auf eigene Faust in diese Zone zu reisen, wäre einem Selbstmord gleichgekommen, deshalb buchte ich eine geführte Tour für umgerechnet sechzig Euro. Wir fuhren im Kleinbus los, eine Gruppe von zwanzig Leuten. Bevor wir einsteigen durften, mussten wir ein Formular unterschreiben, mit dem wir akzeptierten, dass keine Haftung übernommen würde, falls jemand an der Grenze ums Leben kam. Es herrschten strikte Kleidervorschriften, kurze Hosen und ärmellose Kleidungsstücke waren verboten. In der Sonderwirtschaftszone Kaesong standen die Soldaten der beiden koreanischen Staaten einander nur durch Stacheldraht getrennt gegenüber. Kaesong gehört zum Territorium Nordkoreas, die Fabrikhallen sind im Besitz südkoreanischer Unternehmen.

Der Betrieb in der Sonderwirtschaftszone wurde im Februar 2016 nach einem der zahlreichen Konflikte allerdings wieder eingestellt.

An der Grenze wurden ständig unsere Pässe kontrolliert, als ob wir feindliche Agenten auf Spionagetour wären und unsere Identität von Minute zu Minute hätten wechseln können. Aber so oft die Grenzsoldaten auch meinen Ausweis überprüften, ich blieb immer Michael Berndt aus Kamenz in Sachsen.

Dann ging es endlich auf nordkoreanisches Gebiet. Die Soldaten des Kim-Regimes waren von Kopf bis Fuß bewaffnet, wir wurden ständig fotografiert und vermutlich von irgendwo durch ein Zielfernrohr beobachtet. Von James, dem Soldaten, der uns begleitete, hatten sie schon über 20.000 Fotos gespeichert, zumindest erzählte er uns das. Die Atmosphäre sei so angespannt, sagten die Guides, dass eine einzige falsche Bewegung den großen Konflikt auslösen könnte. Man dürfe die Nordkoreaner deshalb nicht zu lange anschauen oder mit dem Finger auf sie zeigen.

Auch wenn es mir sonst selbst in den unpassendsten Momenten schwerfiel, nicht herumzualbern, an dieser Grenze hielt ich mich zurück. Nur einen winzigen Moment lang spielte ich mit dem Gedanken, ein Arschfoto an der gefährlichsten Grenze der Welt zu schießen, mit schwer bewaffneten Nordkoreanern im Hintergrund. Aber vermutlich hätte ich damit den Dritten Weltkrieg ausgelöst.

Der Kontrast zwischen dem hoch entwickelten Südkorea und dem zurückgebliebenen Nordkorea war bedrückend. Auf den Feldern neben der hochmodernen Industriezone Kaesong zogen Ochsen wie vor Jahrhunderten den Holzpflug hinter sich her, und Frauen wuschen Kleidung mit den bloßen Händen im Bach. Auf nordkoreanischer Seite war ein Propagandadorf zu sehen mit Attrappen, die Normalität simulieren sollten. Dort stand auch mit 160 Metern einer der höchsten Fahnenmaste der Welt: Jahrelang hatten sich Nord- und Südkorea einen absurden Wettkampf geliefert und ihren Grenzmast noch einmal erhöht, wenn der Rivale vorgelegt hatte. Um die Fahne für diese Machtdemonstration zu hissen, musste ein Dutzend nordkoreanischer Soldaten die Muskeln spielen lassen. Unter der Grenze verlief ein ausgebautes Tunnelsystem, das von Nordkorea angelegt und von Südkorea vor einigen Jahren zufällig entdeckt worden war. Durch diese Tunnel hätte der sozialistische Norden einen Blitzangriff auf den Erzfeind starten können. Auf südkoreanischer Seite gab es einen nigelnagelneuen Bahnhof für den Fall der Wiedervereinigung. Wenn es so weit war, sollten sich die seit Jahrzehnten getrennt lebenden Familien möglichst schnell wiedersehen können. Wir in der ehemaligen DDR hatten das mit der Mauer schon hinter uns – Korea musste noch warten.

CHINA: NIUBI UND EIN ECHTES WUNDER

Nach einer Woche verließ ich Korea wieder, das nächste Reiseziel hieß China. Dort verdichteten sich meine Erlebnisse in Ostasien endgültig zum Kulturschock. Während das Leben in den Großstädten noch zivilisiert erschien, lebten die Menschen auf dem Land wie im Mittelalter. Sie kackten einfach neben der Straße in die Gräben, sie benahmen sich grob und spuckten einander ständig vor die Füße.

Von Peking aus machte ich mich auf den Weg zur Chinesischen Mauer, dafür wählte ich einen der Züge, mit denen auch die Einheimischen unterwegs waren. Wenn man mit einem der Touristenbusse fuhr, erlebte man kaum etwas. Im Zug konnte kaum jemand ein Wort Englisch, was die Chinesen jedoch nicht daran hinderte, mich anzusprechen und meine blonden Haare zu berühren. Mein Abteil war wie ein kleiner, rollender Markt, auch Dutzende von Hühnern, Ziegen und Hunden wurden darin transportiert. Es war laut, überall wurden gegessen, Bier dazu getrunken und immer wieder auf den Boden gespuckt. Ich war erstaunt, wie derb es auf dem Land zuging. Und das Essen erst, das war in China eine echte Herausforderung. Auf dem Land wurde auf dem Markt oft Hund angeboten, die Tiere zappelten noch an den Haken, die ihnen durch die Schädel getrieben worden waren. Aber zu solchen kulinarischen Grenzerfahrungen später mehr.

In China lernte ich auch eines meiner liebsten Schimpfwörter: Niubi. Das bedeutete ursprünglich stark, hübsch, außergewöhnlich und stand für eine männliche Art, Freude auszudrücken. Mit der Zeit schlich sich aber noch eine andere Bedeutung ein, die sich inzwischen durchgesetzt hat: Niubi bedeutete auch Kuhfotze. Es war die chinesische Vokabel, die mir am schnellsten über die Lippen ging. Wenn mir einer im Zug zu nahekam, dann half immer ein herzhaftes Niubi.

Die Chinesische Mauer war übrigens wirklich eine Sensation, es war ein Bauwerk, das mich sprachlos machte. Es war das erste der sieben Weltwunder, das ich mir anschaute. Ich war so beeindruckt, dass ich spontan beschloss, auch die anderen sechs zu besuchen. Inzwischen hatte ich mir ganz schön viel vorgenommen für meine weitere Reise: Ich wollte meine Liste mit den hundert Mutproben abarbeiten, außerdem die Wunder dieser Welt inspizieren und in jedem Land mindestens eine Einheimische flachlegen. Das war meine ganz spezielle Agenda. Nachdem ich in Japan lange vergebens um eine Frau gebuhlt hatte, wählte ich in China den kürzeren Weg. In Peking entdeckte ich zwischen zwei Wolkenkratzern kleine Holzbuden, die mit Plastikplanen abgedeckt waren. Dort wurden Massagen angeboten, und ich wählte die Spezialbehandlung mit »Happy End«.

SÜDOSTASIEN: VIETNAM, KAMBODSCHA, LAOS, THAILAND

VIETNAM: DIE SCHLANGENBLUT-EREKTION

Ich musste mal wieder unter die Backpacker. In China hatte ich Eindrücke sammeln können, wie die Menschen in den Städten und auf dem Land lebten. Es waren ungewohnte und manchmal verstörende Einblicke gewesen, insbesondere was die Hygiene und das Verhalten der Menschen in den ländlichen Gegenden anging. Und trotzdem, ich wollte ja reisen, um unbekannte Kulturen kennenzulernen, ich war der festen Überzeugung, dass sie meine Welt nur größer und bunter machten. Und insofern war China ein voller Erfolg gewesen. Jetzt aber durfte es wieder ein bisschen Party sein.

Mein Visum war auf einen Monat befristet, und damit flog ich am 5. Juli 2010 nach Hanoi und checkte in meinem Hostel im Zentrum der Stadt ein. Sofort liefen mir zwei Iren über den Weg, John und Edwin. Auf meinen Reisen hatte ich gute Erfahrungen mit Iren gemacht, die waren meist locker und lustig drauf.

Geil, dachte ich, mit denen kannst du bestimmt eine Menge Spaß haben.

Die beiden kannten sich schon ein wenig aus in Hanoi, sie wollten Essen gehen und fragten: »Hast du Lust mitzukommen?«

»Natürlich«, erwiderte ich, »ich habe immer Hunger!«

Der Aufbruch verlief überhastet, mein Handy ließ ich auf dem Zimmer zurück, ich hatte nicht einmal die Adresse des Hostels aufgeschrieben und nur wenig Geld in der Hosentasche. Ich ging davon aus, dass wir nur eine Kleinigkeit essen und dann zum Hostel zurückkehren würden.

Tatsächlich zogen wir nach dem Essen jedoch zu einer Party weiter, die auf einem Boot stattfand, das am Ufer des Roten Flusses ankerte. Ich war seit Wochen auf keiner Backpacker-Party mehr gewesen, und das Bier schmeckte an diesem Abend grandios. Die Jungs aus Irland verabschiedeten sich irgendwann, ich schloss mich einer Gruppe schwedischer Mädels an, wild entschlossen, diese Nacht nicht allein zu verbringen. Nach einer Weile konnte ich bei einem der Mädchen landen, das genauso aussah, wie man sich Schwedinnen im Klischee vorstellt: Auf den ersten Blick kühl und verschlossen, lange blonde Haare und überaus gut gebaut.

Sie nahm mich mit zu sich, und wir wollten gerade auf ihr Zimmer gehen, als sich der Typ an der Rezeption als echte Spaßbremse erwies. Er dürfe keine Fremden ins Hotel lassen. Das

Haus war offensichtlich etwas feiner als die Herbergen, in denen ich so verkehrte. Also torkelten wir zurück auf die Straße, um ein Plätzchen zu finden, wo wir ungestört wären. Aber das war in Hanoi nicht so einfach. Außerdem waren wir viel zu betrunken, um noch ordentlich Amore zu machen. Ich konnte kaum noch reden, meine Zunge fühlte sich bleischwer an, sodass die Schwedin mich irgendwann stehen ließ.

Jetzt lief ich allein und ohne Handy und Geld durch die wuselige Millionenstadt und hatte keine Ahnung, wo sich mein Hostel befand. Alles sah gleich aus, alles drehte sich im Schimmer Abertausender Neonlichter. Da ich kein Geld mehr hatte, wurde ich in den Internetcafés abgewiesen, sonst hätte ich ja nach der E-Mail mit der Adresse des Hostels schauen können.

Die ganze Nacht über taumelte ich durch die Straßen und hoffte, durch Zufall das Hostel zu finden. Mein rechter Fuß blutete stark, nachdem ich in eine Scherbe getreten war, ich spürte, wie Panik in mir aufstieg. Ich fing an zu fluchen und in die Morgendämmerung zu brüllen, meine Schreie wurden sofort von der Geräuschkulisse Hanois verschluckt.

Ich war schon oft spontan und ohne Plan losgezogen und machte mich gern lustig über die pedantischen Reißbrett-Touristen, die ihre Reise bis ins kleinste Detail durchplanten. Aber in dieser Nacht hasste ich mich für meine schludrige Art. Wie konnte man nur so bescheuert sein? Meine Erlebnisse in Hanoi waren ein Beispiel dafür, dass es ohne Plan nicht immer funktionieren musste.

Zwischendurch schlief ich am Straßenrand ein, und erst nach zwölf Stunden, es war inzwischen Mittag geworden, ließ mich ein Typ im Internetcafé an seinen Laptop. Endlich! Ich hatte ihn angebettelt und dabei anscheinend so verzweifelt gewirkt, dass er mich gewähren ließ. Kurz darauf hatte ich mir die Adresse des Hostels auf einem Zettel notiert. Ich war nur zwei Kilometer vom Ziel entfernt und vermutlich ohne jede Orientierung stundenlang im Kreis herumgelaufen. Von Hanoi hatte ich erst einmal genug, ich beschloss, mit den beiden Iren die Stadt zu verlassen und das Landleben zu erkunden.

Im Nachtbus fuhren wir nach Sapa, eine Bergregion im Norden Vietnams. Das Phansipang-Gebirge war mit über 3100 Metern das höchste des Landes. Über Holperpisten ging es nur langsam vorwärts, die Fahrt dauerte über fünf Stunden, wobei wir kaum mehr als dreihundert Kilometer zurücklegten. An der Landschaft konnte ich mich kaum sattsehen – die Reisfelder zogen sich in übereinandergelagerten Terrassen nach oben, es sah aus, als ob sie direkt in den Wolkenhimmel führten. Von den Bergen stürzten Wasserfälle herab, die Landschaft schien in Bewegung zu sein wie ein gigantisches Kaleidoskop. Zwischen dem Reis stand wilder Cannabis, daraus fertigen die Einheimischen Pullover und Taschen an.

Eine wilde Cannabis-Plantage? Wir wussten, was zu tun war. Sofort fingen wir an, eine gewaltige Tüte zu bauen, aber das Cannabis kratzte unangenehm im Hals und zeigte kaum Wirkung. Trotzdem war es einfach, in der Region Drogen zu kaufen, überall wurde Marihuana, Dope und Opium angeboten. Merkwürdigerweise hatten die Dealer auch immer Viagra in ihrem Sortiment, obwohl es viel bessere und natürliche Erektionshilfen in der Gegend gab, wie ich bald feststellen sollte.

Wir waren mit dem Moped unterwegs und rasten zu dritt durch die Gegend. Als der Hunger drückte und wir an einem Imbiss auf einem Marktplatz anhielten, musste ich eine grundsätzliche Entscheidung treffen. Ausgerechnet Hundefleisch war die kulinarische Spezialität in dieser Berglandschaft. In China hatte ich mich nicht überwinden können, Hund zu essen. Wie gesagt, dort hatten die Hunde an Fleischerhaken gehangen und noch gezappelt – zum Beweis für die Frische des Fleisches. Jetzt war meine Neugierde größer als meine Bedenken. Aber ich war schon ziemlich hin- und hergerissen. Gehörte der Hund, der beste Freund des Menschen, wirklich auf den Teller?

Auch Edwin, einer der Iren, wollte sich an das spezielle Gericht heranwagen. Die Einheimischen staunten ungläubig, als wir unsere Bestellung aufgaben. Wir bekamen zuerst einen Teller mit gegrilltem Hund, Bauch mit Haut und Innereien, Herz und Niere. Das Fleisch war stark gewürzt und lag geschmacklich zwischen Hühnchen, Rind und Wild. Dann wurde noch ein Eintopf mit Hundefleisch und gestocktem Blut aufgetischt, dazu wurden

Darf ich vorstellen? Das ist Hundefleisch.

verschiedene Dips mit Sojasauce, Chili und Limetten gereicht, die dem Gericht eine angenehme Frische verliehen. Geschmacklich gab es nichts gegen Hund einzuwenden. Es war trotzdem das erste und letzte Mal, dass ich das Fleisch gegessen habe. Dieses Experiment musste ich nicht wiederholen. Es war eine Erfahrung, die ich einmal gemacht haben wollte, und damit genug.

Ganz in der Nähe von Sapa lag das Schlangendorf Vinh Son. Die Einwohner teilten ihr Leben mit Tausenden von Schlangen. Kobras, gebänderte Rattenschlangen und auch die extrem großen und giftigen Königskobras wurden hier gehalten. Die Schlangen waren aus dem Alltag des Dorfes nicht wegzudenken. Überall, wo man hinkam, bewegten sich die Reptilien. Die meisten Familien lebten vom Verkauf des Schlangenfleisches und der Herstellung von Schlangen-Schnaps. In großen Glasballons lagen die Schlangen in Reisschnaps mit Kräutern eingelegt. Der Schlangenschnaps wurde nach überlieferten Rezepten erzeugt, er diente als Medizin und sollte bei Rheuma, Rückenbeschwerden, Appetit- und Schlaflosigkeit helfen. Natürlich landeten die Schlangen auch im Kochtopf. Wer wollte, konnte sich ein mehrgängiges Schlangenmenü auftischen lassen, das Fleisch wurde auf verschiedene Arten zubereitet, als Filet, Hackfleisch, kurz gebraten oder als in Wasserspinat gewickeltes Röllchen. Das weiße und weiche Fleisch erinnerte im Geschmack an Huhn, war aber saftiger als Geflügel.

Die Spezialität im Dorf war Schlangenblut, wofür den Tieren mit einem Messer die Schlagader durchtrennt und das Blut mit einem Glas aufgefangen wurde. Als besondere Delikatesse galt es, das

Schlangenherz, am besten noch pochend, mitzuverzehren. Das Schlangenblut wurde in Vinh Son als enorm potenzfördernd angepriesen, als wahres Wundermittel – was ich partout nicht glauben wollte. Ich nahm den Mund ziemlich voll und tönte herum: »Das macht mich doch nicht geil, wenn ich Schlangenblut trinke!« Ich trank das Glas in einem Zug aus und bestellte gleich noch ein zweites, obwohl alle davor gewarnt hatten. Ich trug nur Badeshorts, und es dauerte tatsächlich nicht lange, bis das Aphrodisiakum Wirkung zeigte. Und wie! So einen ausgewachsenen Ständer hatte ich selten gehabt in meinem Leben. Aufstehen konnte ich damit nicht mehr, ich musste eine Weile sitzen bleiben und meine Hammer-Schlangenblut-Erektion mit meinem T-Shirt bedecken – sehr zum Spaß meiner Begleiter John und Edwin.

Freunde, lasst es euch gesagt sein: Wer Erektionsprobleme hat, dem ist mit zwei Gläschen Schlangenblut bestens geholfen.

Kurz darauf verabschiedeten sich meine irischen Freunde, sie wollten weiter nach Laos. Ich reiste allein nach Saigon, eine Stadt, die mit ihren sieben Millionen Einwohnern und doppelt so vielen Mopeds meine Vorstellung von einer motorisierten Metropole sprengte. Über die Straßen schob sich ein gewaltiger Strom von Fahrzeugen, darunter unzählige Mopedfahrer, die ständig auf die Hupe drückten. Es war schwer angesagt in Saigon, sich die Motoradhelme möglichst bunt zu bemalen. Jeder wollte auffallen und aus dem Gewimmel herausstechen.

Der Verkehr überforderte mich anfangs. An den Fußgängerampeln hielt niemand an, auch wenn sie auf grün geschaltet waren. Eine Großmutter nahm mich schließlich an die Hand und zeigte mir, wie man über die Straße kam. Man ging einfach rüber, guckte nicht nach links und rechts, man durfte auch nicht stehen bleiben. Dann passierte nichts, wie von Geisterhand gelenkt fuhren die Vietnamesen vorbei. Unfälle ereigneten sich anscheinend nur dann, wenn jemand zauderte und ängstlich stehen blieb. Nach einer Weile ging auch ich in die Offensive. Ich lieh mir ein Moped und fuhr zunächst auf den Straßen Saigons und dann in den Norden des Landes. In einem kleinen Dorf hielt ich an und fragte in einem Privathaus, ob ich etwas zu essen bekommen könnte – gegen Bezahlung natürlich. Die Bewohner waren arm, aber enorm gastfreundlich und herzlich, selbst die letzte Schüssel Reis hätten sie mit mir geteilt. Sie kochten mir ein traditionelles Gericht, Entenblut mit Gemüse und Erdnüssen. Es sah aus wie eine Tomatensuppe, erwies sich aber als richtige Delikatesse.

Geld nahm die Familie dafür nicht an, sie wollten mich aber unbedingt fotografieren, weil sie noch nie einen Deutschen gesehen hatten. Geduldig stellte ich mich in Pose und ließ mich von allen Seiten ablichten. Ich bewunderte diese einfachen Menschen, die trotz ihrer Armut so zufrieden und erfüllt waren.

In der Küstenstadt Nha Trang, einer Backpacker-Hochburg im Süden Vietnams, wurde jeden Abend mit vollem Einsatz gefeiert. Nach einer wilden Nacht wurde ich von Kindergeschrei geweckt, die Sonne stand schon hoch am Himmel, ich lag völlig nackt am Strand, meine Hose und mein Geld waren verschwunden, und um mich herum tobte bereits das Strandleben. Hat irgendjemand schon versucht, splitternackt und ohne einen Cent ein Taxi zu finden, um damit durch die halbe Stadt zu fahren?

Es war die Hölle. Reihenweise ließen mich die Taxifahrer stehen, endlich fand ich einen Mopedfahrer, der bereit war einen nackten Fremden auf dem Rücksitz durch die Straßen zu chauffieren. Manchmal machte ich mich ganz schön zum Narren und ließ keines der vielen Fettnäpfchen aus, aber dafür war ich schon zu Hause in Kamenz bekannt gewesen.

In Nha Trang machte ich zudem meine ersten Erfahrungen als Pornodarsteller – unfreiwillig, versteht sich. Als ich mit einem anderen Backpacker in einer Bar Billard spielte, saßen im unteren Bereich am Tresen zwei dänische Mädels und tranken Kaffee. Der Billardtisch befand sich in der Etage darüber. Wir forderten sie auf, zu uns zu kommen, und tatsächlich – sie sahen uns beim Billard zu, wir spendierten die Drinks. Die Bar füllte sich nach und nach. Wir waren oben allein, und ich konnte mich längst nicht mehr auf die Billardkugeln konzentrieren. Ich stellte den Stock zur Seite und fing an eine der Däninnen anzugraben. Bald schoben wir einen flotten Vierer auf und neben dem Billardtisch. Als wir die Treppe hinuntergingen, fingen plötzlich alle an zu applaudieren. Die Billardspiele wurden auf den Bildschirmen unten übertragen, und ein paar Vietnamesen hatten am Tresen gesessen, Bier getrunken und uns die ganze Zeit beim Vögeln zugeschaut. Den Mädels war es peinlich, sie wollten ganz schnell weg. Aber mir gefiel die Sache, wenn ich ehrlich war, sogar ganz gut. Wann bekam man schon öffentlichen Applaus nach einer Nummer auf dem Billardtisch?

KAMBODSCHA: LAND DER KRASSEN GEGENSÄTZE

In Kambodscha lagen Vergnügen und Leid nah beieinander. Das Land war ein kruder Mix aus Hochkultur, Elend, Gewalt, Sex und Überdruss. Zuerst besuchte ich die Stadt Phnom Penh und die

Killing Fields, für mich – neben Hiroshima – der traurigste Platz auf der Erde. Zwei Millionen Menschen sollen die Roten Khmer dort umgebracht haben, um ihre wahnsinnige Idee umzusetzen: Sie wollten Kambodscha brutal auf die Stunde null zurückdrehen, ein Agrarstaat sollte entstehen, ohne Intellektuelle, ohne Bürgertum und Technik.

Ich betrat die Killing Fields mit einem Audioguide, und als ich zu einer Reihe von Zuckerpalmen kam, drangen aus den Kopfhörern merkwürdige knackende Geräusche. Die Roten Khmer hatten Kinder und Säuglinge so lange gegen die spitze Rinde der Palmen geklatscht, bis ihre Schädel zersprangen. Ich stand da und fing an zu heulen, was mir nicht oft passiert. Unvorstellbar, wie grausam Menschen sein konnten.

Neben den Palmen befanden sich Massengräber, und wenn es regnete, so hieß es, wurden immer noch die Knochen von Ermordeten nach oben gespült. An diesem Abend musste ich mich schwer betrinken, um auf andere Gedanken zu kommen.

In Kambodscha schien vieles aus dem Lot geraten zu sein, mit dem richtigen Geldschein konnte man sich die übelsten Perversitäten leisten. In Phnom Penh gab es eine *Shooting Range*, wo man mit Waffen jeden Kalibers herumballern konnte. Für fünfhundert Dollar konnte man mit einer Panzerfaust eine Kuh wegrotzen. Und für das Doppelte, so war zu hören, auch eine kambodschanische Familie mit dem Maschinengewehr.

Ich verließ Phnom Penh, um Angkor Wat zu besuchen, die Stadt der tausend Tempel. Angkor Wat zählte zu den sieben Weltwundern, die inzwischen auf meinem Programm standen. In Angkor Wat wurde mit den Touristen ganz offensichtlich viel Geld verdient, aber die Armen bekamen nichts davon ab. Viele bettelten um Essen und Geld. Zahlreiche Kriegsversehrte und Amputierte waren unter den Bettlern, man erzählte mir, dass auch heute noch viele Minen und Blindgänger aus den Kriegsjahren hochgingen. Eine Frau trug ihr totes Kind bei sich, das sie immer wieder vorzeigte, um Almosen zu bekommen. Ein gespenstischer Auftritt.

Neben der Tempelanlage war eine Partystadt gewachsen, in der die Backpacker abhingen und lebten wie die Maden im Speck. Das Bier war billiger als Wasser und kostete keine zwanzig Cent die Flasche. Eine warme Mahlzeit kostete nicht viel mehr. Wenn man jedoch nachts von einer Party kam, stürzten sich bettelnde Kinder auf einen – selbst als armer Backpacker war man im Vergleich zu ihnen noch steinreich. In den Hostels konnte man für einen Dollar im Freien eine Matratze mieten, die von einem Moskitonetz umschlossen war. Selbst da, wo Matratze an Matratze lag, wurde wie verrückt herumgevögelt. Vielleicht versuchten die Leute, die elenden Bilder aus ihren Köpfen zu vertreiben, das Gefühl von Ungerechtigkeit und Tod, das einen in Kambodscha oft beschlich.

Ladyboys

In Angkor Wat begegneten einem ständig Prostituierte, alle versuchten irgendwie an Geld zu kommen. Man wurde ständig angequatscht: *»Wanna have a good time, my friend? Wanna have fun? We can give you everything.«*

Ich saß mit Ryan, einem Engländer aus Manchester, im Hostel am Tresen, neben uns zwei bildhübsche Asiatinnen. Ich war der Meinung, dass ich mich mit dem anderen Geschlecht ganz gut auskannte, aber ich wäre nie auf die Idee gekommen, dass an den beides etwas Besonderes sein könnte.

Gemeinsam mit Ryan leistete ich mir für ein paar Nächte eine kleine Holzhütte. Dahin zogen wir uns mit den Girls zurück, jeder auf sein Zimmer. Es ging gleich zur Sache, wir knutschten herum, und sie fing an, mir einen zu blasen. Als ich ihr in den Schritt fassen wollte, zog sie immer wieder meine Hand weg. Was war denn bloß los, fragte ich mich, wollte die nicht? Sie meinte, dass sie es gleich von hinten haben wolle. Irgendwann gelang es mir aber doch, dorthin zu kommen, wo ich hinwollte, und dann hatte ich einen Schwanz in der Hand, der mit einem Band abgeklebt war.

»Verdammt, das ist ein Kerl«, rief ich in Richtung Nebenzimmer. »Du hast bestimmt auch einen!«

Ryan war das egal, der war schon voll am Machen. Aber das brachte ich nicht fertig. Ich gab dem Ladyboy fünfzehn Dollar, schickte ihn dann aus meinem Zimmer und ging zurück an den Tresen, wo ich beim Bier auf Ryan wartete. Als der sich Zeit ließ, schaute ich nach. Ryan schlief, das ganze Zimmer war durchwühlt. Sein Bargeld war weg, auch in meinem Zimmer lagen die Wertsachen nun auf dem Boden und ein paar Scheine fehlten.

Aber eines mussten wir den Ladyboys hoch anrechnen: Sie hatten wenigstens so viel Anstand, keine Kameras, Reisepässe und Kreditkarten mitgehen zu lassen.

Morbid in Vang Vieng

Vang Vieng in Laos war der Hotspot für Extrempartys, es galt als ein Mekka für Backpacker. Entlang des Nam Song, des Flusses der Liebe, hatten geschäftstüchtige Laoten eine Reihe von Bars errichtet mit Schaukeln, Rutschen, Sprungtürmen und Seilrutschen. Es war wie ein Extremspielplatz für weggetretene Backpacker. Die Bars verkauften Bier, Mojito aus Plastikeimern und hausgebrannten Reisschnaps, der es in sich hatte. Die Attraktion hieß *Tubing*, die Leute ließen sich in einem Reifenschlauch den Fluss hinuntertreiben, mit dem Bierchen in der Hand, und unterwegs konnte man in einer der Bars anhalten, wo schon fertig gerollte Joints bereitlagen. Man bekam jede Menge *Free Shots*, Getränke für lau, die Frauen, die dort arbeiteten, hatten nur das Nötigste an. Sie bekamen Unterkunft und Essen dafür, dass sie die Jungs zum Exzess animierten. Aus den Boxen dröhnten die Hits der 1990er-Jahre, auf den Bildschirmen liefen ohne Pause die Simpsons und *Scrubs*, eine amerikanische Krankenhaus-Dramedy-Serie. Es gab kaum ein Essen, in das kein Gras oder halluzinogene Pilze eingearbeitet waren, sogar Pizza mit Opium stand auf der Speisekarte. Das Bier hieß Lao und schmeckte ziemlich gut, es wurde in großen Flaschen verkauft, 0,6-Liter, eisgekühlt.

Vierzehn lange Tage hielt ich mich in Vang Vieng auf, wir lebten, als ob wir den nächsten Morgen nicht erleben wollten. Der Fluss der Liebe wirkte wie ein Treffpunkt für Desperados, die nichts mehr zu verlieren hatten. Der Tod war immer in der Nähe in Vang Vieng, der Flussabschnitt galt für Reisende als der gefährlichste Ort in Laos. 2011 starben nach Angaben des Provinzspitals in Vang Vieng siebenundzwanzig Backpacker – sie starben im Drogenrausch, ertranken beim Tubing oder verletzten sich tödlich beim Sprung in den Fluss, der an manchen Stellen kaum Wasser führte. Schilder, die vor Kopfsprüngen warnten, nützten nichts. Jeden Morgen nahm ich mir vor, nichts zu trinken und keine Drogen einzuwerfen, dann tauchten ein paar Mädels auf, die als Backpacker durchs Land zogen, und schon stand man wieder an der Bar. Die Drogen und der selbst gebrannte Schnaps machten rattenscharf, es war ein Kinderspiel, mit den besoffenen Frauen um die Ecke zu gehen und gemütlich einen wegzustecken. Viele bemalten sich mit Sprüchen in schrillen Neonfarben: *Looking for a german cock.* Oder: *I had Sex with Michael.* Letzteres konnten sich einige in Vang Vieng auf ihre Klamotten schreiben, ich gab wie immer mein Bestes.

Im Grunde lag Vang Vieng in einer malerischen Landschaft, weit draußen auf dem laotischen Land. Es war umgeben von beeindruckenden Karstfelsen mit geheimnisvollen Höhlen, riesigen Reisfeldern und kleinen Siedlungen mit stets lächelnden Bewohnern. Aber für die Schönheit dieser Landschaft hatte niemand einen Blick übrig. Ich begegnete dort einigen Backpackern, die auf ihren Drogentrips hängen geblieben waren und mit toten Augen auf etwas warteten, das nie kommen würde. Einige hatten sich den Fluss auf den Rücken tätowieren lassen.

Die Einheimischen mieden ihren Fluss, sie wussten, dass sie da auf Zombies trafen, die ihren Verstand vernichtet hatten und sich wie Tiere verhielten. Die laotischen Behörden begannen im August 2012 einige der Bars zu schließen. Da der Wahnsinn trotzdem ungebremst weiterging, wurde die morbide Partymeile am Fluss ein Jahr später schließlich plattgemacht. Die laotische Regierung reagierte damit auch auf die Klage einer australischen Anwältin, deren Sohn in Vang Vieng tödlich verunglückt war.

An dem Tag, bevor ich Vang Vieng wieder verließ, ging ich mit einem Mädchen ein Stück weit in den Dschungel hinein, wo wir ungestört sein wollten. Es gab nichts anderes zu tun, als zu saufen, Drogen einzuwerfen und immer wieder zu bumsen. Aufgeregt hielt ein Tuk-Tuk-Fahrer an und forderte uns auf zu verschwinden. Überall im Wald liege zurückgelassene Munition. Das wäre es noch gewesen – beim Vögeln in die Luft zu fliegen. Da wusste ich, dass ich den Fluss schleunigst verlassen musste.

VOLLMONDPARTY IN THAILAND

In Bangkok wollte ich ein paar Tage verbringen, bevor ich mich auf die Insel Ko Phangan zur Vollmondparty übersetzen ließ. Als ich in den Straßen von Bangkok herumstreunte, entdeckte ich ein Bordell, in dem es wie in einem Autohaus zuging. In einem riesengroßen Saal tanzten die Frauen an Stangen, jede hatte eine Nummer. Wenn einer die 185 wollte, konnte er sie direkt mitnehmen. In einem anderen Saal fand eine andere Fleischbeschau statt, da tanzten die Ladyboys. Ich traf dort auf einen deutschen Polizisten, der einmal im Monat nach Thailand fuhr. Es gebe nichts Besseres, meinte er, als Sex mit einem Ladyboy: »Erst nimmst du ihn ran und dann wirst du selbst rangenommen.«

Ich war erstaunt, wie viele Männer da reingingen. Man sah in Bangkok tatsächlich auch Europäer mit kleinen thailändischen Jungs, die vor Angst heulten. Als ich in einem Gästehaus übernachtete, saß am Frühstückstisch ein dicker Deutscher mit einem dieser verschreckten Kinder. Als ich an der Rezeption verlangte, dass man den Typen rausschmeißen solle, wurde ich weggeschickt. Sex, in allen Varianten, war ein Geschäft, und alle wollten sie mitverdienen.

Die Vollmondparty war ursprünglich ein traditionelles Fest der Einheimischen, inzwischen aber auf Touristen ausgerichtet. Es war nichts Besonderes, wenn sich 20.000 bis 25.000 Leute auf Ko Phangan trafen, um zu feiern und sich gehen zu lassen. Drogen gehörten zur Vollmondparty wie das Bier zum Oktoberfest. *Magic Mushrooms* verliehen ihr erst den richtigen Kick. Der Strand war mit Neonlichtern ausgeleuchtet, viele Besucher malten sich mit Neonfarben an, und mit den Pilzen im Kopf wirkte alles nur noch viel bunter und abgedrehter. Da sah man Farbtöne, die auf keiner Farbpalette vorkamen, alles wirkte intensiver, das Rot war röter, das Wasser blauer als blau, und der Sand fühlte sich so sandig an wie kein Sand zuvor. Alle Sinneseindrücke wurden verstärkt, manchmal bis ins Schmerzhafte und Unerträgliche. Dieser Farbenflash ließ einen die ganze Nacht hindurch nicht zur Ruhe kommen.

Es war leicht in diesem ekstatischen Taumel auf seine Kosten zu kommen. Zuerst geriet ich an eine Französin, wir knutschten herum und wollten unsere Beziehung dann abseits vom großen Rummel etwas vertiefen. Wir entdeckten einen Strandabschnitt, an dem ein gutes Dutzend anderer Pärchen denselben Gedanken verfolgte. Wir reihten uns hinten ein und klatschten die anderen beim Vorbeigehen ab.

Auf der Vollmondparty wurden *Buckets*, ganze Eimer mit selbst gebranntem Wodka, Red Bull oder Cola gesoffen. Der Eimer war für drei Euro zu haben, und wenn die Frauen oben ohne Limbo tanzten, bekamen sie einen Bucket umsonst. Wenn die Männer sich komplett auszogen, galt dasselbe. Ich war mit Christian, einem Deutschen, und dem Engländer Louis unterwegs.

Wir rissen uns die Kleider vom Leib und fingen an, nackt Limbo zu tanzen. Bevor ich mich anschließend anstellte, um meinen Spriteimer abzuholen, ging ich mit einer Frau, die nur ein dünnes Kleidchen und einen Tanga trug, kurz nach hinten. Wir fanden nicht einmal die Zeit, uns vorzustellen, so gierig fielen wir übereinander her.

Als die Sonne über Ko Phangan aufging, wurden die letzten Gäste mit kaltem Wasser abgepritzt. Dann merkt jeder, dass die Party zu Ende ist. Es wäre vermutlich vernünftiger gewesen, das Moped stehen zu lassen, mit dem ich nun zum Hostel zurückzuschlingern versuchte, zumal sich Louis auf dem Rücksitz breitgemacht hatte. Ich verlor die Kontrolle und stürzte einen Abhang hinunter, dabei verbrannten wir uns beide am heißen Auspuff. Louis kann heute noch Narben von diesem Unfall vorzeigen. Ich musste vier Tage im Krankenhaus verbringen.

Nachdem ich wieder einigermaßen hergestellt war, fuhr ich in den Norden Thailands. Dort traf man weniger Touristen, und das Leben verlief gemächlicher. In der Stadt Chiang Mai wurde ich als Englischlehrer eingestellt. Allein der Gedanke amüsierte mich, schließlich hatte ich lange Zeit mit der englischen Sprache auf Kriegsfuß gestanden. Aber während des Einstellungsgesprächs sagte man mir: »Wir nehmen jeden, außer Franzosen, die versteht kein Mensch.«

Ich lebte nun wie ein König. Mein Verdienst reichte für das Essen und eine Wohnung, die ich mir mit einer Thailänderin teilte, die ich im Massagestudio getroffen hatte. Sie ließ ihren Job ruhen und lebte lieber eine Weile mit mir. Wir kochten gern zusammen, und ich fing an, einen Kochkurs zu besuchen, um mehr

von der thailändischen Küche zu verstehen. Wenn ich Abwechslung brauchte, fuhr ich allein ein bisschen in die Berge. Nur eines machte mir zu schaffen. Die Wunde, die ich mir nach der
Vollmondparty zugezogen hatte, heilte nicht und fing im feucht-
tropischen Klima immer wieder an zu eitern. Die Ärztin, die mich
behandelte, riet mir, nach Europa zurückzukehren und mich erst
einmal auszukurieren. So wohl ich mich in Chiang Mai fühlte und
so wunderbar mein Leben dort war – nun hieß es Abschied nehmen.

EIN BACKPACKER MUSS REISEN

MIT DREADLOCKS NACH SACHSEN

Bevor ich Thailand im Sommer 2010 verließ, ging ich in Bangkok zum Friseur, um mir Dreadlocks machen zu lassen. Mein letzter Haarschnitt stammte noch aus Kamenz, wo ich im Januar 2009 aufgebrochen war. Als Backpacker war ich ständig klamm gewesen, ein Haarschnitt kostete überall auf der Welt ein bisschen Geld – und das hatte ich sparen wollen. Lieber hatte ich mir eine Tätowierung stechen lassen oder mir gelegentlich ein Einzelzimmer in einem Hostel geleistet. Als Backpacker hatte ich mein Geld möglichst nur für Essen, Schlafen, Drogen und Adrenalin ausgeben wollten. Letzteres schloss alles ein, was die Langeweile und Routine aus meinem Leben vertreiben konnte, sei es ein Bungee-Sprung oder ein Skydive.

Von Natur aus sind meine Haare dunkelblond, sie waren aber in der Sonne gebleicht, ohne dass ich mit Wasserstoffperoxid hatte nachhelfen müssen. Mit der Zeit sah ich aus wie ein Surferboy aus Kalifornien, braun gebrannt und mit langen, hellblonden Haaren. Oft wurde ich angesprochen, ob ich von der Westküste der USA käme. Es war ein Imagewechsel, der mir gut gefiel. Wenn ich als Metzger aus Kamenz mit einem Beachboy aus Kalifornien verglichen wurde, dann zeigte das auch die Verwandlung, die ich durchlaufen hatte.

Die Dreadlocks hatte ich mir als besondere Überraschung für meine Rückkehr nach Deutschland ausgedacht. Eine solche Frisur, so meine Überlegung, wäre ein guter Schockmoment bei meiner Ankunft. Damit wollte ich auch zeigen, dass ich nicht mehr der Micha war, den alle in Kamenz kannten. Mit den Rastazöpfen würde auch der Letzte verstehen, ich war ein anderer geworden, mein Leben hatte sich total auf den Kopf gestellt, aus dem schüchternen Jungen vom Bauernhof war ein Draufgänger geworden, der etwas erlebt und von der Welt gesehen hatte.

Bevor ich endgültig nach Deutschland zurückkehrte, legte ich noch einen Zwischenhalt in Großbritannien ein. Ich wollte mich ein paar Tage in Europa akklimatisieren und meine Heimkehr hinauszögern. So würde ich mich in Ruhe auf das vorbereiten können, was mich erwartete – ich musste mich um eine Krankenversicherung kümmern und mich beim Arbeitsamt melden, und nach meiner unbeschwerten Zeit als Backpacker fürchtete ich mich ein wenig vor der strengen deutschen Bürokratie.

Am 10. August 2010 flog ich von Bangkok über Malaysia und Singapur nach London. Zufällig traf ich in einer Bar Carl und Susan, mit denen ich in Perth in der Wohngemeinschaft zusammengelebt hatte, in der ich auch meiner australischen Ehefrau

Melody begegnet war. Die beiden tranken gerade das letzte Bier, bevor sie nach Australien zurückfliegen wollten. Das Wiedersehen fiel laut und fröhlich aus, wir hätten uns noch einiges mehr zu erzählen gehabt, wenn nicht der Flieger gewartet hätte.

Von London aus zog es mich nach Liverpool, Manchester, Edinburgh und Glasgow. Dort lebten Backpacker, die ich unterwegs getroffen hatte und die wieder sesshaft geworden waren. Und was ich dort zu hören und zu sehen bekam, bereitete mir doch einiges Kopfzerbrechen – sie waren allesamt wieder im Alltagstrott gefangen.

Ende August besuchte ich La Tomatina in Buñol in Ostspanien, die größte Tomatenschlacht der Welt. Tonnenweise wurden überreife Tomaten in die Straßen der kleinen Stadt gekippt, mit denen sich die Besucher dann bewarfen. Es war ein friedliches rotes Massaker, in dessen Folge Flüsse aus Tomatensaft durch die Straßen flossen. Als ich durch die knietiefe Tomatensoße watete und Vergnügen daran fand, andere zu bespritzen und zu besudeln, wusste ich, dass ich mir einen Teil meines kindlichen Gemüts noch bewahrt hatte.

Auf meiner Route nach Deutschland lag als Nächstes Nizza, wo ich das wilde Backpacker-Leben noch einmal auskosten konnte. In einem ziemlich luxuriösen Hostel, direkt am Meer gelegen, traf sich eine bunt gemischte Truppe am Pool. Die Zeit vertrieben wir uns mit Trinkspielen, eines hieß »Wahl oder Pflicht«. Wir saßen im Kreis am Pool, ringsum bekamen alle Aufgaben gestellt. Wenn eine in die Kategorie Pflicht fiel, musste sie erfüllt werden. Ich begann bald die Richtung des Spiels vorzugeben – einem der

Mädchen stellte ich die Pflichtaufgabe, dass sie einen deutschen Schwanz lutschen müsse. Ich war natürlich der einzige Deutsche in der Meute. Das war das Startsignal für eine wilde Orgie im Pool, die ich angezettelt hatte. Ich wusste inzwischen, wie ich es anstellen musste, um zu meinem Vergnügen zu kommen – auch wenn ich immer wieder zu hören bekam, wie »pervers« ich wäre. Aber wenn ich den unerfahrenen Backpackern erzählte, dass solche Spiele in Übersee und Asien an der Tagesordnung seien, dann wurde das schnell akzeptiert. Das Leben als Backpacker konnte so herrlich unkompliziert sein ...

Es war September geworden, als ich in Frankfurt am Main ankam und in den Zug nach Dresden stieg. Meine Rückkehr nach Kamenz hatte sich herumgesprochen, am Bahnhof herrschte reger Andrang. Als der Zug einfuhr, standen über fünfzig Freunde und Bekannte am Gleis, um mich nach so langer Zeit zu begrüßen und zu feiern. Das war der erste und einfache Teil meiner Heimkehr. Meine Eltern in Cunnersdorf reagierten zurückhaltender, als sie mich sahen. Sie freuten sich zwar, dass ich endlich wieder zu Hause war. Aber sie freuten sich nicht darüber, wie ich zurückgekommen war. Schon meinem abgerissenen Rucksack sah man die vielen Abenteuer an, auf denen er mich begleitet hatte. Ich war ein Fremder für sie geworden, braun gebrannt, bunt tätowiert, und dann noch diese Dreadlocks. Ich sah aus wie einer, vor dem mich meine Familie immer gewarnt hatte. Ich war nicht mehr der kleine Micha, den sie großgezogen hatten, der beim Abendbrot von allen am meisten Hackepeter futterte und nur kurz nach Australien hatte fliegen wollen, bevor er sein sicheres Gehalt als Zeitsoldat verdiente.

In Cunnersdorf standen ständig Leute vor der Tür, und die Bier-
kästen leerten sich schnell. In der Disco und auf den Dorffesten in
der Gegend war ich der Held. Natürlich war ich auch der Exot, und
das konnte in Sachsen unangenehm werden. In der ländlichen
Gegend dort Dreadlocks zu tragen erforderte Mut, da brauchte es
wenig, um schief angeschaut und angequatscht zu werden.

Bei den Frauen allerdings kam ich gut an, zumal ich einiges zu
erzählen hatte von der großen, weiten Welt. Nach einigen Tagen
war der erste Ansturm vorbei, in Kamenz hatte man sich an meinen Anblick gewöhnt.

Die ersten Fragen kamen auf: »Micha, was machste denn
jetzt?«

Ich wusste keine Antwort, ich wollte erst einmal abwarten,
mein Bein pflegen lassen und mir in Ruhe Gedanken machen.
Aber das Arbeitsamt fing bald an zu nerven – ich musste mich
bewerben, wenn ich Leistungen beziehen wollte. Auch eine Stelle als Fleischer wurden mir gleich angeboten, es kam mir alles
so bekannt vor. Aber sollte ich wirklich wieder als Metzger in Kamenz arbeiten nach allem, was ich erlebt und gesehen hatte? Ich
fand, dass das wie eine Niederlage gewirkt hätte. Ich konnte mir
nicht die alte Metzgerbluse und die Gummistiefel anziehen und
so tun, als ob ich nie weg gewesen wäre. Das Arbeitsamt drängte
hartnäckig, bis ich mich abmeldete und auf alle Leistungen ver-
zichtete.

Trotzdem waren da noch die täglichen Vorträge und Beleh-
rungen, die meine Eltern mir hielten: »Du musst doch endlich
wieder arbeiten, Junge!«

Ich begann morgens auf unserem Bauernhof mitzuhelfen und
das Vieh zu versorgen. Nachmittags ging ich los, um alte Freunde

zu treffen. Es kam mir vor, als wäre in Kamenz die Zeit stehen geblieben, es waren immer noch dieselben Geschichten, die ich zu
hören bekam. Und die mich nun immer mehr langweilten.

Einen kleinen Triumpf konnten meine Eltern immerhin feiern – nach der Tomatenschlacht bekam ich meine Dreadlocks
nicht mehr richtig sauber, und sie fingen an zu muffeln. Meine
Mutter, eine gelernte Friseurin, hasste die Rastazöpfe. Ich erlaubte ihr, sie abzuschneiden – so glücklich hatte ich sie seit meiner Rückkehr nicht mehr erlebt. Jetzt hatten wir zumindest das
Problem mit der Frisur gelöst.

Ich war erleichtert, als Post aus Australien eintraf, mit der eine
Steuererstattung von 10.000 Dollar angekündigt wurde. Ich
hatte in Australien als Metzger, Maurer und als Schiffskoch gearbeitet, ich hatte an der Ostküste unter der sengenden Hitze
Bananenstauden geschleppt. Die Lohnsteuer, die ich entrichtet
hatte, bekam ich auch als Backpacker erstattet. Wenige Wochen
nach meiner Rückkehr traf das Geld auf meinem Konto ein und
erlaubte mir wieder zu planen und zu träumen. Wenn meine Eltern zu sehr nervten, packte ich ein paar Sachen zusammen und
brach auf zu kürzeren Trips, in die Niederlande, nach Norwegen
oder nach Schweden.

Nun war ich zwar unterwegs, aber auch enttäuscht. Backpacking in Europa hatte längst nicht den Reiz wie in Australien,
Neuseeland und Asien. Überhaupt kam mir das Leben in Europa
inzwischen viel zu geordnet und eingeschränkt vor. Der Tages-
ablauf war von morgens bis abends festgelegt, Überraschungen
waren nicht vorgesehen. Das spontane und chaotische Leben,
an das ich mich gewöhnt hatte, war vorbei.

Manchmal fühlte ich mich wie ein wildes Tier, das man eingesperrt hatte. Am schlimmsten war es für mich, einige meiner Backpacker-Freunde zu besuchen. Die heftigsten Typen trugen jetzt Pantoffeln und mussten nach zwei Bieren ins Bett, weil am nächsten Morgen der gut bezahlte Job wartete. Weit weg von zu Hause hatten sie sich die wildesten Abenteuer geleistet und wie die schlimmsten Finger aufgeführt, jetzt gaben sie sich lammfromm, wie nach einer Gehirnwäsche. Alle waren wieder im Alltagstrott gefangen, genormte Karrieristen, die nur noch den Beruf und das Familienidyll kannten – wie langweilig und spießig.

Das müsse ich doch verstehen, bekam ich oft zu hören. Backpacking sei eine Sache, das Leben zu Hause eine völlig andere. Mir kam das wie ein Verrat an den gemeinsamen Idealen vor. Backpacking bedeutete für mich mehr, als vorübergehend den wilden Mann zu spielen. Es war eine Lebenseinstellung, das Bekenntnis zu einem freien und selbst gewählten Leben.

Ich, das schwor ich mir, wollte auf keinen Fall wieder in diesen alten Trott verfallen. Für mich stand fest, dass ich Deutschland und Europa verlassen musste, ich spielte immer wieder den Gedanken durch, nach Australien auszuwandern.

Bevor ich diesen Plan umsetzen konnte, musste ich allerdings Geld verdienen. Das australische Steuergeschenk war bedenklich geschrumpft, nachdem ich es mit vollen Händen ausgegeben hatte.

WINTERSAISON IN VORARLBERG

Am 15. Dezember 2010 begann ich in Lech in Vorarlberg meine erste Wintersaison als Küchenhilfe im Hotel Sonnenburg. Wintersaison – so nannte man vor allem in den Skigebieten die geschäftigen Monate zwischen Dezember und April, in denen die Gastronomen alle Hände voll zu tun hatten. Mein erster Arbeitstag fiel mit meinem 26. Geburtstag zusammen. Ein Freund hatte mich nach Österreich vermittelt, in eine Restaurantküche, die damals zu den besten in Vorarlberg zählte. Ich hatte einen Vertrag unterschrieben über vier Monate – der Verdienst war gut, Unterkunft und Verpflegung wurden gestellt, sodass ich einen Großteil meines Lohnes auf die Seite legen konnte. Nach vier Monaten Wintersaison, das war meine Kalkulation, würde ich für ein Jahr auf Reisen gehen können. Oder gleich nach Australien auswandern, Hauptsache weg aus Europa.

Mein Arbeitstag im Hotel Sonnenburg begann morgens um sechs, ich war dafür eingeteilt, das Frühstücksbuffet vorzubereiten und aufzubauen. Ich legte Tausende von Wurst- und Käseplatten zurecht, kochte Kaffee, briet Eier und Bacon. Nachmittags liefen die Vorbereitungen für die Restaurantküche an, dann filetierte ich Fisch und schnitt Fleisch zu, mit Messern konnte ich schließlich umgehen. Ich fand schnell Gefallen an meinem Job in der Küche, in der ich jeden Tag zehn bis zwölf Stunden arbeitete und mich dann gern noch aufs Snowboard stellte.

Nachdem ich mich eingearbeitet hatte und mich sicher auf meinem Küchenposten fühlte, erweiterte ich meinen Aktionsradius. Ich besuchte gern Après-Ski-Partys, die regelmäßig aus dem Ruder liefen. Es kam öfter vor, dass ich mit einer der vergnügungswilligen Skitouristinnen auf meinem Zimmer landete.

Manchmal ging ich morgens ins Hotel, ohne eine Minute geschlafen zu haben, das Parfum einer langen Nacht hing mir noch in den Klamotten. Aber ich schaffte es immer, meinen Job zu erledigen. Als Metzger hatte ich gelernt, zuzupacken und auch harte Tage durchzustehen.

Im Hotel arbeitete auch Nadine, die als Kellnerin angestellt war. Im Suff sollte ich sie später einmal heiraten, aber davon ahnten wir noch nichts. Nadine war auch als Backpackerin unterwegs gewesen, eine Gemeinsamkeit, die uns verband. Sie träumte davon, in die USA zu gehen und dort längere Zeit zu reisen. Während der Wintersaison entwickelte sich langsam der Plan, dass wir gemeinsam losziehen könnten. Ich hatte Australien, Neuseeland und halb Asien bereist, warum sollte es jetzt nicht in die andere Richtung gehen? Auswandern konnte ich später immer noch.

Irgendwann schnappte ich mir Nadine, und wir buchten zwei Tickets nach New York. Wir waren Backpacker, und die mussten um die Welt reisen. Und nicht nur davon reden.

AMERIKA: VON KANADA BIS JAMAIKA

IN LAS VEGAS VERZOCKT

Anfang Juni 2011 sollte es losgehen in Richtung USA. Nach den vier Monaten als Küchenhilfe in Lech war meine Reisekasse mit 15.000 Euro gut gefüllt. Auf meiner ersten Reise hatte ich noch Bargeld bei mir getragen und die Geldscheine in meinen Socken und zwischen der Unterwäsche versteckt. Jetzt eröffnete ich vor der Abreise ein Online-Konto, sodass ich überall ohne Probleme an mein Geld kommen würde.

Nadine und ich wollten von Kanada bis Brasilien reisen, das war zumindest der grob umrissene Plan. Für diese Reise veranschlagten wir zwölf bis achtzehn Monate. Als wir über unseren Trip sprachen, zeigte sich schon, wie unterschiedlich wir dachten – während Nadine gern alles vorab im Detail geplant hätte, wollte ich möglichst viel auf mich zukommen lassen. Ich hasste es, morgens schon zu wissen, wo ich abends und am nächsten Tag sein würde. Nadine und ich pflegten ein kompliziertes Verhältnis, ab und zu landeten wir zusammen im Bett, meist wenn wir zu viel getrunken hatten. Aber daraus entstand keine Beziehung mit viel Gefühl. Man konnte gut mit Nadine klarkommen, wenn sie nicht gerade ihre speziellen Momente hatte. Dann hielt sie sich für etwas Besseres und mich für einen Proleten – was ich ihr nicht übelnahm, ganz unrecht hatte sie ja nicht. Mehr zu schaffen machte mir, wenn sie sich als zickige Dramaqueen aufführte, und in diesen Momenten war es besser, wenn viel Raum zwischen uns lag.

Wir trafen uns in Berlin, von wo das Flugzeug nach New York abhob. Ich langweilte mich schnell im Flieger, scannte die Frauen in meiner Umgebung und stellte mir vor, wie ich mir die Zeit mit ihnen vertreiben könnte. Als wir uns weit über dem Atlantik befanden, versuchte ich Nadine davon zu überzeugen, dass wir es auf der Toilette miteinander treiben sollten. Sex im Flugzeug zählte zu einem meiner geheimen Wünsche, dessen Erfüllung meine Laune an diesem Tag deutlich verbessert hätte. Als ich Nadine aber endlich so weit hatte, war eine der Toiletten ausgefallen und vor den anderen warteten ständig Passagiere. Geil, dachte ich, erhöhter Schwierigkeitsgrad, das machte die Sache noch reizvoller!

Ich konnte es kaum erwarten, sie in 12.000 Metern Höhe zu pimpern. Aber Nadine war abgetörnt von den Umständen und wollte nichts mehr wissen von der Idee.

Meine Stimmung sank endgültig unter null, als die Zollbeamten mich am John F. Kennedy International Airport herauszogen und wie einen Schwerverbrecher filzten. Ich hätte es wirklich sehr geschätzt, wenn ich mal ohne Ärger hätte einreisen können. Weil mein Reisepass so viele Stempel aufwies, waren sie fest davon überzeugt, dass ich ein Terrorist oder Drogendealer sein müsste. Auch mein Laptop wurde gründlich untersucht, aber natürlich fanden sie darauf nichts – abgesehen von einer Menge Reisefotos.

Wir fuhren erst einmal zu den Niagara-Fällen, die mich für kurze Zeit faszinierten. Aber ich hatte mich schnell satt gesehen an den tosenden Wassermassen. Dann ging es weiter nach Toronto, wo wir Trav und Taylor besuchten, das quirlige Flugbegleiter-Paar, das aus Trinidad-Tobago stammte. Wir wohnten einige Tage bei den beiden, und wie schon auf den Fidschis war Trav scharf auf meine Begleiterin. Ich hatte nichts dagegen – sollte sich Trav ruhig an Nadine abarbeiten.

Wir flogen weiter nach Vancouver und nahmen einen Mietwagen, der uns auf dem berühmten Highway 101 entlang der Westküste nach San Francisco brachte. Nadine und ich benahmen uns immer mehr wie ein altes Ehepaar, sie wollte Weintouren machen und Winzer besuchen, und mir passte das überhaupt nicht in den Kram. Ich wollte trinken ohne dieses hochgestochene Gelaber über Rebsorten und Holzfässer. Ständig ließ sie mich spüren, dass sie etwas Besseres sei. Für mich war sie vor allem ein *Cockblocker*, wie die Engländer sagten – sie verdarb mir die Chancen bei anderen Frauen. Wer ließ sich schon auf einen Typen ein, der auf Schritt und Tritt von einer Frau begleitet wurde?

Am meisten aber ging mir auf den Geist, dass sie so deutsch war. Alles sollte strukturiert und geordnet sein. Als wir von der

Westküste nach Las Vegas fuhren, eskalierte die Situation im Streit – Nadine wollte wie immer die nächste Zeit im Detail planen und strukturieren, ich dagegen einfach in den Tag hineinleben und mir keine Gedanken über später und morgen machen. Kaum in der Wüstenstadt angekommen, trennten wir uns und waren eine Zeit lang allein unterwegs. Nadine fuhr zum Grand Canyon und nach Salt Lake City, um sich dort die Wanderschuhe anzuziehen – ich hingegen hasste es, unnötige Meter zurückzulegen. Ich blieb in Las Vegas hängen, und vermutlich wäre ich da völlig abgestürzt, wenn sie mich nicht wieder herausgerissen hätte.

Gleich am ersten Abend gewann ich beim Pokern fünftausend Dollar. Ich betrachtete die Scheine in meinen Händen und dachte: Wahnsinn, das ist mein Platz, ich verdiene mein Geld jetzt beim Pokern.

Ich war fest davon überzeugt, das Zeug zum Profi-Zocker zu haben. Die Getränke im Casino waren für Spieler frei, ich thronte auf meinem Stuhl, trank Whiskey und rauchte Zigarre. In den Casinos hingen an den Wänden keine Uhren, das Licht war immer schummrig. Die Angestellten sahen sich zum Verwechseln ähnlich, selbst die Vertretung der Bedienung sah wie deren Zwillingsschwester aus. Ich verlor völlig das Zeitgefühl, ich setzte und spielte, erhöhte meinen Einsatz und zog an meiner Zigarre.

Für einige Tage bestand meine Welt jetzt aus den Gamblern, Promis und Möchtegern-Promis, die mich auch zu ihren Partys einluden. Der Höhepunkt war die Party im Playboy Club, die in der 52. Etage des Palms Fantasy Tower stieg. Dafür lieh ich mir extra einen feinen Anzug, und mit meiner fetten Sonnenbrille sah ich darin aus wie Graf Protz.

Kein Drink auf der Party war unter hundert Dollar zu haben, ich holte mir ein Glas Sekt und füllte immer wieder unauffällig mit Wasser nach. Im Playboy Club lernte ich auch eine der vielen Ex-Freundinnen von Charly Sheen kennen, das behauptete sie zumindest. Ein Großmaul konnte ich auch sein und erzählte bei jeder Gelegenheit, dass ich Schauspieler und eine große Nummer im deutschen Pornofilm sei. Das war die Theorie, die Praxis sah anders aus – ich war dabei, die Kontrolle zu verlieren.

Ein paar Wochen später ließ ich mir in Mexiko ein Tattoo stechen, das meinen Absturz bebilderte: Es zeigt Spielkarten und Champagner, ich schaue in den Spiegel und sehe einen Totenkopf, der mich selbst darstellen soll. Im Hintergrund steht: *Viva Las Vegas*.

Ich war nur noch am Zocken und Saufen, wenn ich das noch ein paar Wochen länger durchgezogen hätte, wäre ich in der Klapse gelandet oder gleich auf dem Friedhof. Auf meinem Grabstein hätte vermutlich gestanden: »Mit sechsundzwanzig in Las Vegas von uns gegangen, weil er die falschen Karten in der Hand hatte.«

Nach fast zwei Wochen tauchte Nadine wieder auf, um zu sehen, was aus mir geworden war. Sie schaute mich nur kurz an und sagte: »Jetzt ist Schluss.«

So entschlossen habe ich sie vorher und nachher nicht mehr gesehen, sie zog mich sofort aus dem Casino. Ich hatte meinen ganzen Gewinn verspielt und auch schon mein Reisebudget angetastet. Ich war ständig am Überlegen, wie ich zu Geld kommen könnte. Sogar meinen Bruder und meine Eltern wollte ich anpumpen, nur damit ich weiterzocken konnte. In diesem Augenblick war ich Nadine unendlich dankbar, ich hätte aus eigener Kraft nicht mehr aus diesem Sumpf herausgefunden.

Ganz egal schienen wir uns doch nicht zu sein, ich war überrascht, wie viel Gefühl wir plötzlich füreinander aufbrachten. In dieser kurzen Ekstase schossen wir uns völlig ab und kehrten ein letztes Mal ins Casino zurück, um noch ein Spielchen zu wagen. Das war überhaupt das letzte Mal, dass ich eine Spielbank betreten habe. Ich bin ein Typ, der auf Extreme abfährt, und ich fürchte, dass ich am Spieltisch immer alles riskieren würde – bis zu meinem Ruin.

Anschließend heirateten Nadine und ich im Suff, es gab in jedem Casino auch eine Wedding Church, und es dauerte keine zwanzig Minuten, bis wir zu Frau und Mann erklärt wurden. Meine zweite Hochzeitsnacht lief ähnlich chaotisch ab wie die erste in Australien – ich kann mich an nichts mehr erinnern.

Am nächsten Tag wachten wir auf, sahen uns an und sagten: Lass uns bloß schnell von hier verschwinden. Wir waren uns ausnahmsweise einmal einig. Es herrschte Friede, Freude, Eier-

Das Mount Rushmore National Memorial und mein Hintern

kuchen, wir hatten Lust, wieder etwas gemeinsam zu unternehmen, und fuhren nach South Dakota zum Mount Rushmore National Memorial, wo die riesigen Köpfe der vier US-Präsidenten George Washington, Thomas Jefferson, Theodore Roosevelt und Abraham Lincoln in Granitfelsen gehauen worden waren. Ich zog mich aus und platzierte meinen Körper für ein Foto so, dass es aussah, als ob der große George Washington mich am Allerwertesten leckte. Das Bild beschrieb überhaupt mein Verhältnis zu den USA ziemlich gut.

Anschließend machten wir uns auf den Weg nach Los Angeles, wo wir uns schon bald wieder in die Haare gerieten. Wir buchten noch gemeinsam eine Unterkunft in L.A., aber dann fuhr ich allein weiter nach San Diego.

NUTTENÄRGER IN TIJUANA, MEXIKO

Von San Diego tingelte ich weiter nach Mexiko. Mit dem Bus ließ ich mich bis an die Grenze bringen und ging dann zu Fuß weiter nach Tijuana. Die Stadt ist bekannt für ihren florierenden Drogenhandel, aber auch für die Springbreak-Partys der amerikanischen Studenten, die ihren Universitätsabschluss feiern. In Mexiko können sie sich anders gehen lassen als in den prüden USA. An der Grenze warnte mich einer der Zöllner, dass Ausländer gelegentlich entführt und erst wieder freigelassen würden, wenn ein Lösegeld bezahlt würde. Am besten, meinte der Zöllner und ließ seinen Blick an mir herunterwandern, erzählst du, dass du frisch aus dem Knast kommst. Mit deinen ganzen Tattoos glaubt dir das jeder.

Ich genoss das Leben in Tijuana, Tortillas und Corona gab es schon für ein paar Dollar. Das Essen schmeckte sogar besser als in den USA – von Texas einmal abgesehen. Die Amerikaner sollten besser an ihrer Esskultur arbeiten, anstatt eine Mauer zu Mexiko bauen zu wollen.

Dass Mexiko gefährlich sein sollte, schien mir übertrieben. Nur einmal wurde es brenzlig: In Tijuna saß ich auf der Partymeile in einer heruntergekommenen Bar am Tresen und trank mir den Tag noch ein wenig bunter, als er es in dieser Umgebung ohnehin schon war. Die Bar erinnerte mich an einen Saloon in einem alten Western, es roch nach Zigarillo, Bier und aufgeschnittenen Limetten, die zum Tequila auf den Tisch kamen. Eine Mexikanerin sprach mich an, eine Latina mit langen schwarzen Haaren und einer Figur, die bei mir den letzten Rest Verstand blockierte. Gemeinsam tranken wir weiter, einige Runden Corona und Tequila. Die scharfe Señorita meinte, dass sie ein Hinterzimmer kenne, wo wir etwas rauchen und uns vergnügen könnten. Das musste sie mir nicht zweimal sagen, da war ich sofort dabei.

Wir kamen zur Sache – und danach verschlechterte sich schlagartig die Stimmung, da sie hundert Dollar von mir verlangte. Romantik hatte ich nicht erwartet, aber das ging zu weit. Nichts hatte darauf schließen lassen, dass sie als Nutte anschaffen ging. Ich kam mir endgültig vor wie in einem schlechten Western, in dem der Gringo ausgenommen werden sollte. Auf einmal waren ihr auch hundert Dollar nicht mehr genug, sie verlangte alles Geld, das ich bei mir hatte. Sonst, drohte sie, bekäme ich es mit ihren Leuten zu tun. Und die wüssten, wie man mit Typen wie mir umgehe.

Wenn man mich abzuziehen versuchte, konnte ich verdammt sauer werden. Ich kramte in meinen Hosentaschen, als ob ich mein Bargeld zusammensuchen wollte, warf ein paar Münzen in den Raum und rannte wie angestochen durch die Tür. Hinter mir hörte ich noch, wie aufgeregte Stimmen riefen: »Gringo, Gringo!«

Eine Weile lang versteckte ich mich am Straßenrand hinter einigen Wassertonnen, vorsichtig schlich ich dann weiter zum Bahnhof, wo ich den ersten Bus enterte, der über die Grenze fuhr. Mein Gepäck hatte ich im Hostel in San Diego deponiert, sonst wäre mein flotter Abgang gescheitert.

Der Trick in Tijuana war im Prinzip ja nicht schlecht, aber ich ließ mich ungern reinlegen, auch nicht von einer mexikanischen Señorita. Der Gringo wollte selbst entscheiden, wann er für Sex zu bezahlen hatte und wann nicht.

IM KNAST VON CANCÚN

Viele Amerikaner verbringen ihren Urlaub in Cancún und in Playa de Carmen an der mexikanischen Karibikküste. Mir hatte es dort die Isla de Mujeres angetan mit ihren langen Sandstränden, den Palmen und dem türkisblauen Wasser, für das ich schon immer eine Schwäche hatte. Autos waren nicht erlaubt auf der Insel, was die Reichen und Bequemen fernhielt und die Backpacker anzog. Ein Zimmer bekam man für drei Dollar, in den USA kostete die billigste Absteige schon fünfundzwanzig Dollar.

In den Bars wurden Free Shots angeboten, zwei Tequila Sunrise zum Preis von einem. Das war mal wieder ganz nach meinem Geschmack. Auf der Isla de Mujeres, übersetzt die »Insel der Frauen«, lief mir auch Valentina über den Weg, eine Kolumbianerin und eine der schönsten Frauen, die ich jemals gesehen habe. Valentina brachte alle Männer zum Schwärmen und einige sogar um den Verstand. Alle versuchten mit ihr zu flirten, aber niemand konnte bei ihr landen. Außer einem kleinen Sachsen aus Kamenz, der inzwischen wusste, wie er die Ladys in Stimmung bringen konnte. Allerdings musste ich viele Widerstände brechen, bis es so weit war. Die Latinos auf der Fraueninsel waren genervt, dass ich nicht aufhörte, um die reizende Valentina zu buhlen.

»Verpiss dich, *Alémán*, lass bloß die Finger von ihr!«, bekam ich immer wieder zu hören.

Manchmal hatte es auf meinen Reisen genügt, wenn ich den nackten Mann machte oder mein bestes Stück plump auf einem Teller präsentierte. Aber bei Valentina musste ich einiges mehr bieten. Mein Spanisch war nicht gut genug, um ihr wortreich zu schmeicheln. Ich musste im Wörterbuch nachschlagen, und Wort für Wort setzte ich dann zu dem zusammen, was ich für das größtmögliche Kompliment hielt: In meinem holprigen Spanisch vermittelte ich ihr, dass sie das himmlischste Wesen sei, das mir jemals begegnet war.

Valentina funkelte mit ihren dunklen Augen, zeigte sonst aber keine Regung. Dass ich jedoch nicht aufhörte, um sie zu werben, wie die meisten anderen, das schien ihr zu imponieren.

An einem Abend beim Strandspaziergang zahlten sich die Mühen schließlich aus. Ich fragte Valentina, ob sie schon einmal Sex am Strand gehabt habe. Sie schüttelte nur den Kopf und ging weiter an meiner Seite. Inzwischen wusste ich, dass viele Frauen auf *Sex on the beach* stehen. Bei ihr war es nicht anders. Ich vernaschte sie ausgiebig auf dem warmen Sand und genoss jede Sekunde mit der wunderschönen Valentina. Es war eine absolute Traumnummer, die rüde beendet wurde. Wir hatten beide nicht bemerkt, dass zwei Polizisten neben uns standen. Die Coitus-Interruptus-Bullen von Cancún kannten keinen Spaß und nahmen uns beide fest.

Hatten die keine größeren Probleme im Land? Ich rechnete damit, dass sie uns gleich wieder laufen ließen, aber im katholischen Mexiko war Sex in der Öffentlichkeit ein schlimmeres Vergehen als ein größerer Drogendeal. Mich führten sie wie einen Schwerverbrecher ab, Valentina sah ich nie wieder.

Ich fuhr im Knast von Cancún ein. Die Stadt hatte immerhin 600.000 Einwohner, entsprechend groß war die Haftanstalt. Nachts wurde es bitterkalt, ich trug nur meine Badeshorts und Flipflops, mein T-Shirt hatte ich beim Sex am Strand verloren. Mein Gepäck befand sich im Hostel, wo ich mir ein Zimmer mit einem Typen aus den USA geteilt hatte, einem Idioten, wie sich bald herausstellen sollte.

Im Knast saßen nur schwere Jungs mit Figuren wie Preisboxer, großflächig tätowiert und mit Strafregistern so dick wie Romane. Schnell hatte sich herumgesprochen, warum ich eingebuchtet worden war: *Sexo en la playa.* Die Häftlinge klopften mit ihren Kaffeebechern an die Gitterstäbe und riefen im Takt: »*Alemán, Alemán!*«

Wir waren zu dritt in der Zelle, die nicht viel mehr als zehn Quadratmeter Fläche bot, ein Rattenloch. Die anderen beiden waren nicht gerade von dem Schlag, dem man blind vertrauen würde. Aber solange man nichts mit Drogen zu tun hatte, ließen sie einen in Ruhe. Und ich war mit Sicherheit der Einzige, der dort eingefahren war, weil er am Strand gevögelt hatte. In der Zelle stand eine Pritsche, der Steinboden war eiskalt. In einer Ecke war ein Loch, die Toilette. Es stank, als ob das Gefängnis über einer riesigen Latrine errichtet worden wäre. Der Gefängnisdirektor mochte es nicht, wenn man seine Ruhe störte. Als die anderen Gefangenen nicht aufhörten, gegen die Gitterstäbe zu trommeln und Alemán! zu brüllen, wurde ich aus der Zelle geholt. Ich musste lange warten, bis ein Dolmetscher kam, der angeblich Englisch konnte. Aber ich sah, wie er einzelne Wörter in einen Computer eingab und von Google übersetzen ließ. Gegen zweihundert Dollar Kaution, ließ er mich wissen, würden sie mich freilassen. Der Oberbulle meinte mit einem schiefen Grinsen: »Das sind die Regeln hier in Mexiko, mein Freund. Entweder du bezahlst, oder du bist eine Weile lang unser Gast.«

Er sprach Spanisch, aber was er gesagt hatte, brauchte mir niemand zu übersetzen.

Valentina war jeden Cent wert, den die Ganoven in Polizeiuniformen mir abgeknüpften. Und noch einiges mehr. Mit Begleitschutz brachten sie mich ins Hostel, wo ich in meinem Zimmer die Kreditkarte aus einem Versteck holte. Mir fiel sofort auf, dass meine Sachen durchwühlt worden waren. Mein Zimmergenosse, Michael aus den USA, hatte sich aus dem Staub gemacht, meine Kamera, zweihundert US-Dollar und ein Bündel Pesos mitgehen lassen. Vor allem die Bilder auf der Kamera bedeuteten mir viel, es waren unbezahlbare Momente meiner Reise, die für immer verloren waren. Ich war schwer genervt, weil Michael auch für das Hostel gearbeitet und ich ihm vertraut hatte.

Ich ließ mir zunächst nicht anmerken, dass ich bestohlen worden war. Ich wollte endlich meine Ruhe haben. Erst zwei Tage später ging ich doch zu einer Polizeistation, um den Diebstahl anzuzeigen. Es dauerte wieder eine Ewigkeit, bis el intérprete, der Dolmetscher, kam und mithilfe von Google zu übersetzen begann.

»Wir können den Dieb finden«, richtete er mir aus. »Aber es kostet dich ein bisschen was, sagen wir: zweihundert Dollar.«

Da wurde ich laut und wünschte die Zweihundert-Dollar-Bullen von Cancún zum Teufel. Noch einmal wollte ich mich nicht von ihnen ausnehmen lassen.

In den Tagen danach rief ich in den Hostels der Umgebung an und erkundigte mich, ob der verfluchte Amerikaner bei ihnen untergekommen sei. Aber er war spurlos verschwunden.

Wenn du das jemals lesen solltest: Michael, du bist die dreckigste aller Kuhfotzen, wie man in China sagen würde.

PYRAMIDEN-SEX VOM FEINSTEN

In Cancún erlebte ich einen der wenigen Momente, wo ich meine lange Reise beinahe abgebrochen hätte. Ich war unfassbar genervt und kurz davor zu sagen: »Das war's, ich fliege nach Deutschland zurück.«

Erst war ich wegen einer Lappalie in den Knast gesteckt und dann zeitgleich auch noch von einem angeblichen Freund beklaut worden. Das ging mir mächtig an die Substanz.

Letztlich beschloss ich zu bleiben und mich abzulenken, und so besuchte ich Chichén Itzá, die Ruinenstätte der Maya auf der Halbinsel Yucatán. Die Stadt war eines der sieben Weltwunder, die ich gesehen haben wollte. Der Trip nach Chichén Itzá lohnte sich jedoch nicht, man konnte nicht auf die Pyramiden hinaufklettern, und der ganze Rummel dort wurde mir schnell zu viel. Warum es so viele Touristen dort hinzog? Ich konnte es nicht verstehen.

Einer Pyramide wollte ich dennoch sehen und fuhr weiter nach Tulum, zur einzigen Pyramide, die direkt am Meer auf einer Felsklippe lag. Die Anlage von Tulum ist gut erhalten, etliche Treppenstufen führen nach oben zu einer Plattform, von der aus man eine fantastische Aussicht genießen kann. Unter der Anlage breitet sich der Sandstrand aus und das türkisblaue Meer, der Bau wird vom Regenwald eingefasst, es war wirklich atemberaubend.

Oben auf der Pyramide hatte ich den kuriosesten Sex meiner Reise. Ich stand da mit einer jungen Tschechin, die ich unterwegs im Bus kennengelernt hatte. Wir genossen die Aussicht und waren ganz allein, was an touristischen Orten wie diesen nur selten vorkommt. In solchen Momenten, das war meine Erfahrung, half es nur, volles Risiko zu gehen.

Ich fragte sie ganz direkt: »Kannst du dir einen schöneren Platz für Sex vorstellen als hier oben?«

Schon bei der Vorstellung war ich wie elektrisiert. Obwohl wir uns kaum kannten, fingen wir an, es da oben miteinander zu treiben. Ich kam auf Touren und vögelte mich in einen Rausch, hundert Meter hoch auf einer Pyramide, unter unseren Füßen lag sicherlich irgendein wichtiger Maya-Häuptling begraben, und jeden Augenblick konnten wir entdeckt werden. Durch meinen Körper schoss jede Menge Adrenalin, die Nummer auf der Pyramide stellte mein seelisches Gleichgewicht wieder her.

Nach dem Sex war meine Welt wieder heil. Inzwischen ist es verboten, die Pyramide von Tulum zu besteigen. Ich kann mir nicht vorstellen, dass da oben jemand unter ähnlichen Umständen schon einmal eine Frau oder einen Mann gepimpert hat. Und wenn, dann soll er oder sie sich bei mir melden.

IN DEN SLUMS VON KINGSTON, JAMAIKA

Von Mexiko und seinen korrupten Zweihundert-Dollar-Bullen hatte ich genug. Entspannung war angesagt, und da schien Jamaika der richtige Platz zu sein. Sonne, Reggae und ein gepflegter Dübel konnten nur gut sein für mein Seelenwohl. Von Mexiko City aus flog ich nach Kingston. Dort wollte ich als Couch-Surfer leben, der Typ, bei dem ich wohnen sollte, hatte mir geschrieben: »Erwarte keinen Komfort, aber ich zeige dir das echte Jamaika.«

Das echte Jamaika war eine Blechhütte mitten in den Slums.

Die Beamten am Zoll schüttelten die Köpfe: »Du kannst da nicht hin, das ist ein Viertel, in dem blutige Bandenkriege ausgetragen werden. Da sind nur Schwarze, da haben Weiße nichts verloren.«

Auch jeder Reiseführer warnte vor der Gegend. Sogar der Taxifahrer weigerte sich, mich zu der Adresse zu fahren. Er setzte mich irgendwo ab und meinte: »Den Rest der Strecke musst du allein schaffen, viel Glück dabei.«

Ich rief bei meinem Gastgeber an, der seine Kinder schickte, um mich abzuholen. Sie waren ab da mein Begleitschutz und meine Lebensversicherung. Später habe ich erfahren, dass Cassafaya, mein Gastgeber, ein bekannter Reggae-Musiker auf Jamaika ist.

Die Hütte stand in der Nähe des Flughafens, es war tatsächlich eine Ecke, in der nur Schwarze lebten. Wenn da ein Backpacker oder Tourist auftauchte, dann hatte er sich verlaufen. Zu Fuß konnte ich zum Strand gehen, der ziemlich vermüllt war – wo keine Touristen waren, wurde auch nicht aufgeräumt. In der Hütte hing den ganzen Tag brettdick der Marihuana-Dunst, man befand sich durchgängig in Trance. Den Chef sah ich nie ohne Joint im Mund, auch ich konnte mich von seinem Stoff bedienen. Für die Unterkunft wollte er kein Geld haben, aber ich musste immer mit den Kindern auf den Markt gehen und Fleisch, Kartoffeln, Gemüse und Obst kaufen. Kochen war Chefsache, Cassafaya stellte sich gern an den Herd, das Ergebnis schmeckte allerdings oft gleich. Es gab Reis mit Soße, das Essen war kaum gewürzt, vermutlich hatte der Hausherr seine Geschmacksnerven mürbe geraucht.

Seine drei Kinder erzog er allein, das älteste war neun. Außer mir wohnte noch ein anderer Deutscher in der Blechhütte, Chris Toppa, der heute ebenfalls ein bekannter Reggae-Musiker ist. Mitten auf dem Flur lag eine große Matratze, die wir uns mit den Kindern teilten. Auch nachts war es in diesem August heiß und stickig, ich legte mich immer direkt vor einen Ventilator, um schlafen zu können. Cassafaya schlief im Freien in einer Hängematte. Ab und zu kam eine Frau vorbei, angeblich um zu putzen.

Das war eine echte schwarze Mama, mit einem richtig ausladenden Hinterteil. Wenn die Putzfrau kam, schickte der Chef alle anderen aus der Hütte. Er habe jetzt was Dringendes zu erledigen.

Eine Woche hielt ich mich in Kingston auf, bevor ich an die Ostküste Jamaikas weiterreiste. Wenn ich im Viertel unterwegs war, mussten die Kinder an meiner Seite sein, damit die anderen sahen, dass ich zu Cassafaya gehörte. Ohne Begleitschutz hätte ich als Weißer keine Chance gehabt, man hätte mich im Slum gnadenlos abgezockt. Cassafaya nannte mich respektvoll *White Nigga*, weil ich mich traute, da mit ihnen zu leben.

Mit Chris Toppa nahm er Songs auf wie »Give thanks for Life«, der von den Radiostationen in Kingston oft gespielt wurde. Cassafaya hätte sich vermutlich ein größeres Haus in einer besseren Gegend leisten können, aber in diesem Viertel waren seine Roots, deshalb wohnte er immer noch in der Blechhütte. Als die beiden gemeinsam ins legendäre Anchor-Studio fuhren, wo einige der größten Reggae-Songs aufgenommen worden waren, luden sie mich ein, sie zu begleiten. Als wir ankamen, stand gerade Damian Marley im Tonstudio, der jüngste Sohn von Bob Marley. Wow, wann traf man mal einen echten Marley?

Chris Toppa gab ein Konzert in Kingston, was eine besondere Ehre war für einen deutschen Musiker. Wenige Jahre zuvor war der deutsche Reggae-Musiker Gentleman in Kingston aufgetreten und von den Rastafari gar nicht gentlemanlike behandelt worden. Weil ihnen der Sound nicht hart und aggressiv genug war, vertrieben sie Gentleman mit Bierflaschen von der Bühne. Chris Toppa hingegen wurde gefeiert, und mir lieferte er den Soundtrack für ein ganz spezielles Erlebnis: Bei diesem Konzert tanzte direkt vor mir eine Jamaikanerin, die ihren Hintern kreisen ließ. Es war heiß und eng, und unsere Körper kamen sich immer wieder nahe. Zuerst testete ich mit den Händen, wie weit ich gehen konnte. Ich ließ sie über ihren Hintern wandern, sie drückte ihn fest dagegen. Ein paar Dubs später platzierte ich mein bestes Stück so, dass wir beide Spaß hatten im Rhythmus der Reggae-Songs. Gestört hat das niemanden auf der Tanzfläche.

Für mich fühlte sich das wie das echte Jamaika an.

Positive Vibration!

SÜDAMERIKA I: KOLUMBIEN, ECUADOR, PERU UND BOLIVIEN

KOLUMBIEN: SALSA UND KOKAIN

August 2011: Voller Vorfreude und Erwartungen steuerte ich Südamerika an, den unteren Teil des amerikanischen Doppelkontinents, der mich mehr interessierte als der obere mit den Vereinigten Staaten von Amerika. Unter Backpackern wurde Südamerika hoch gehandelt, auch mit begrenztem Budget ließ sich hier offenbar viel entdecken und erleben. Nach meinem Coup mit der schönen Valentina freute ich mich auf die Latinas und besonders auf die Kolumbianerinnen. Dass ich mit Kolumbien, Ecuador, Peru und Bolivien zunächst die Länder mit dem größten Kokainhandel besuchen wollte, mag vielleicht auch seinen Grund gehabt haben.

Bogotá, die Hauptstadt Kolumbiens, versprach wieder jede Menge Adrenalin und Abenteuer. Vor dem Flug von Miami nach

Bogotá hatte ich mich für das Couchsurfen entschieden. Die Wohnung lag nicht direkt in den Slums, aber in einer Gegend der kolumbianischen Hauptstadt, in der man abends nicht allein unterwegs sein sollte – so zumindest lautete die Empfehlung der anderen Backpacker. Ich ließ mich jedoch nicht davon abhalten, auf die Straßen zu gehen. Das war nichts für mich, den ganzen Abend auf der Couch zu sitzen.

In Bogotá war ich mit Steven verabredet, einem Kumpel, mit dem ich mich im australischen Darwin angefreundet hatte und der wie ich über die Kontinente zog. Als wir durch die Straßen schlenderten, wurden wir ständig angequatscht: *»Hey, my friend, what are you looking for? Wanna have good time? I can bring you everything, Cocain, women?«*

Die Anmache erinnerte mich an Thailand, die Sprüche waren gleich, nur der spanisch gefärbte Akzent klang anders.

In Bogotá hörten wir immer wieder von Überfällen auf Backpacker. Eine Bekannte war mit vorgehaltenem Messer gezwungen worden, ihre Handtasche samt Kamera und Handy herauszugeben. Warum zum Teufel trug sie aber auch derartige Wertgegenstände in Bogotá spazieren – wie in einer europäischen Fußgängerzone? Ich steckte immer nur zehn oder fünfzehn Euro in die Unterhose oder in die Socken. Das reichte für ausgelassene Abende und Nächte, die ich mir in Bogotá mit reichlich Kokain verschönern ließ, das an jeder Straßenecke für kleines Geld angeboten wurde. Steven und ich zogen durch die Bars und Nachtklubs, die sich nicht groß von denen in anderen Ländern unterschieden. Nur die Frauen waren atemberaubend schön und hielten mich mächtig auf Trab.

Nach drei Tagen Party verließen wir Bogotá in Richtung Medellín, das uns besser gefiel als die Hauptstadt. In Medellín hatte
Pablo Escobar geherrscht, der König des Kokains. Escobar war
einer der mächtigsten und brutalsten Drogenbarone Südamerikas gewesen, trotzdem wurde er mehr als zwanzig Jahre nach
seinem Tod in Medellín noch immer verehrt. Er hatte ordentlich Geld in seine Stadt investiert, und Medellín besaß viel Flair,
das Steven und ich genossen. Medellín galt einmal als eine der
gefährlichsten Städte der Welt, inzwischen hatte sich die Stadt
zu einer der lebenswertesten Metropolen Südamerikas gemau-
sert: Wegen des immer warmen Klimas wurde Medellín auch die
Stadt des ewigen Frühlings genannt, und entspannt wie das Wet-
ter zeigten sich auch die Bewohner.

Als wir durch die Straßen schlenderten, entdeckten wir immer
wieder die Figuren des bekannten Bildhauers Fernando Botero,
einem Sohn Medellíns. Wir fuhren auch mit dem Cable Car hinauf in die Berge, die zum Stadtgebiet gehörten und es adrett
einrahmten.

In Medellín lernte ich Salsa tanzen, jeden Abend nahm ich zwei
Tanzstunden. Salsa war relativ einfach zu lernen, meine Partnerin
führte, und ich wackelte ein wenig mit dem Hinterteil. Als ich
ein paar Schritte Salsa tanzen konnte, klappte es sofort auch mit
den Frauen. Der Weg in die südamerikanischen Betten führt ganz
offensichtlich über das Tanzparkett.

Viele Kolumbianerinnen sind von Natur aus bildhübsch, und
wer trotzdem zu kurz gekommen war, fuhr nach Cali, in die Stadt
der Schönheitsoperationen. Dort konnte kann man sich aufhüb-
schen oder sich den allerletzten Schönheitskick verpassen zu

lassen. Wer in Kolumbien die Miss-Wahlen gewann, war vorher meist in Cali gewesen.

Steven und ich setzten uns in Cali gern an einen der belebten Plätze in der Stadtmitte zum *Bird Watching*, wie er das nannte: schöne Frauen beobachten. Irgendwann hatten auch wir uns sattgesehen. Steven wollte hoch in den kolumbianischen Norden nach Cartagena de Indias, was eine der schönsten Städte an der Karibikküste sein sollte. Allein das Nachtleben Cartagenas war legendär – viele Backpacker kamen mit dem Segelboot von Panama in die Hafenstadt und waren nach fünf Tagen auf dem Wasser durstig und auf ihr Vergnügen aus.

Wir fuhren zunächst nach Ciudad Perdida, von wo es noch rund 250 Kilometer bis Cartagena waren. Ciudad Perdida war auch bekannt als die Verlorene Stadt, neben Machu Picchu war sie eine der größten wiederentdeckten Städte Südamerikas.

Das geheimnisvolle Volk der Tayrona begann 700 nach Christus damit, die Verlorene Stadt zu erbauen. Sie wählten dafür ein Bergplateau in der Sierra Nevada, achtzig Kilometer von der Karibikküste entfernt. Als die Spanier in das heutige Kolumbien einfielen, verschwanden die Tayrona in den Bergen. Erst 1975 entdeckte ein Grabräuber die Ruinenstadt, die inzwischen im Territorium der Kogi lag, den Nachfahren der Tayrona.

Wer Ciudad Perdida besuchen wollte, musste bei den Kogi um Erlaubnis fragen. Die Verlorene Stadt war nur zu Fuß zu erreichen, drei Tage lang ging es durch den Dschungel, bergauf und bergab, durch Schluchten und über Flüsse. Die Tour war für mich eine Herausforderung, gewandert bin ich nie gern. Für gewöhnlich ging ich in Flipflops los, nur selten zog ich wandertaugliche

ASIEN

Total beeindruckend:
die Chinesische Mauer

Beim goldenen Tempel
in Kyoto, Japan

Angkor Wat,
Kambodscha

In Thailand im
Mönchstempel

Kathmandu, Nepal – eine Hippie-Hochburg

Songkran in Thailand: wilde Wasserschlacht zum Neujahrsfest

Der Taj Mahal in Indien gilt als Symbol unsterblicher Liebe

Mit dem Motorrad durch Indonesien

Im besten Pool der Welt:
Hanging Gardens, Bali

In Südostasien werden Schlangen und Skorpione
in Schnaps eingelegt. Schmeckt dennoch

In den Slums von Mumbai, Indien

Unter die Mönche geschlichen:
Tempel von Bagan in Myanmar

Hongkong von oben

EUROPA

Per Anhalter zu reisen hat auch seine Vorteile

Sveti Stefan, Montenegro

Meteora, Griechenland

In Paris

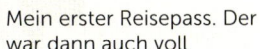

Mein erster Reisepass. Der war dann auch voll

Nach der größten Tomaten-schlacht in Buñol, Spanien

Arbeiten, wo andere Urlaub machen – Samnaun, Schweiz

Sankt Petersburg

USA / SÜDAMERIKA

Bei den Niagara-Fällen

Sandboarden in
Huacachina, Peru

In Las Vegas

Salar de Uyuni, Bolivien: die größte Salzwüste der Welt

Iguazu-Wasserfälle:
die größten Wasserfälle
der Welt

Der Perito-
Moreno-Gletscher,
Argentinien

Karneval in Rio de Janeiro, Brasilien

KUBA / ZENTRALAMERIKA

Unterwegs in Kuba

»Immer bis
zum Sieg« –
»Hasta la victoria
sempre!«
So schrieb
Che in seinem
Abschiedsbrief
an Fidel Castro.
Havanna, Kuba

Der Tempel von Tulum, Mexiko

Semuc Champey,
Guatemala

Frische Lobster sind sehr
lecker – Panama

San-Blas-Inseln in Panama –
ein Paradies

Vulkanboarden in
Nicaragua

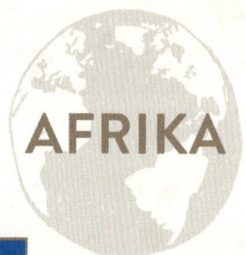

AFRIKA

Petra, Jordanien

In Ägypten

The Rock Restaurant in Sansibar

Ait-Ben-Haddou, Marokko

Der will nur spielen

In Dubai steht mit dem Burj Khalifa das aktuell höchste Gebäude der Welt.

Kapstadt, eine meiner
Lieblingsstädte

Baden in den
Victoria-Fällen

Die wohl beste Badewanne – Südafrika

Schuhe an. Anscheinend war eine Seilbahn geplant gewesen, mit der die Besucher direkt zur Verlorenen Stadt hätten hochfahren können. Aber der Bau der Seilbahn wurde nie umgesetzt – ich hätte nichts dagegen gehabt, wenn sie in Betrieb gewesen wäre. Oben angekommen, erkannten wir nur die Grundrisse der Verlorenen Stadt. Aber allein die Fundamente vermittelten uns eine Vorstellung von der Leistung, mit der die Tayrona Ciudad Perdida auf dem höchsten Punkt des Bergplateaus errichtet hatten. Die Verlorene Stadt gilt als einer der mysteriösesten Orte Kolumbiens – als die spanischen Eroberer ankamen, verließen die Tayrona blitzschnell ihre Stadt. Sie kratzten das Gold von den Wänden, ließen ihre Häuser in einer Nacht verschwinden und zogen sich tief in den Dschungel zurück. Unter Forschern und Archäologen ist es noch heute ein Rätsel, wie die Tayrona in kurzer Zeit ihre Häuser zurückbauen und das Baumaterial verschwinden lassen konnten. So wird es zumindest erzählt, und es ist eine Geschichte, die mich fasziniert.

Im Norden Kolumbiens statteten Steven und ich einer Kaffeefarm einen Besuch ab. Wir vermuteten von Anfang an, dass die Kaffeebohnen nicht die wirkliche Attraktion darstellten. Einer der Farmer fragte gleich direkt: »Seid ihr ernsthaft wegen des Kaffees da, oder habt ihr was anderes gehört?«

Wir wussten zumindest, dass in der Gegend überall Coca-Blätter wuchsen. Die angeblichen Kaffeebauern zeigten uns dann, wie man Kokain im Schnellverfahren herstellt: Wir nahmen aus einem Riesenbeutel Coca-Blätter, die wir zuerst einmal zu einem Brei stampfen mussten. Danach wurde eine chemische Lösung dazugegeben und die daraus entstandene Paste noch mit Methanol behandelt. Ich bin kein Chemiker und konnte die Prozesse nicht alle nachvollziehen: Aber in zwei Stunden war mein erstes selbst gefertigtes Kokain fertig, mit einem Reinheitsgrad von 99 Prozent, ein Prachtstoff, wie man ihn nur in Ausnahmefällen bekommt. Natürlich zog ich gleich ein paar Lines davon. Eine angenehme Wärme breitete sich in meinem Körper aus, wir rannten die Berge hinunter wie übermütige Kinder, von einer Euphoriewelle getragen.

Der Norden Kolumbiens war zudem der Rückzugsort der Farc-Guerilla, die damals noch gegen die Regierung kämpfte. Immer wieder wurden Ausländer entführt, um Lösegeld zu erpressen. Aber mit genügend Koks in der Blutbahn scherten wir uns nicht um die Gefahr, wir fühlten uns unantastbar. In Kolumbien gehörte Kokain zu meinem Alltag, überall erhielt man eine Kostprobe gratis. Sogar die Hostels lockten mit Happy Hours, in denen neben Freigetränken auch Koks angeboten wurde. Deshalb blieben im Land auch immer wieder Backpacker hängen und verfielen der Droge.

In Cartagena teilten wir uns ein Zimmer mit einem älteren US-Amerikaner, der meist stoned im Bett lag. Als er gar nicht mehr aufstehen wollte, schauten Steven und ich nach – er hatte sich eine Überdosis reingezogen und war schon eine Weile tot. Das fanden wir dann doch ein wenig gruselig.

ECUADOR: DEN ÄQUATOR IN DER ARSCHRITZE

Steven, mein Reisepartner, blieb in Kolumbien, ich charterte einen Bus, der mich nach Ecuador bringen sollte. Das Andenland galt als gefährliches Pflaster, die Überfälle waren alltäglich geworden. Jeder dritte Reisebus, so wurde ich gewarnt, werde von skrupellosen Banden angehalten und ausgeraubt. Die Gangster hätten es vor allem auf die Laptops und Kameras der Backpacker abgesehen. Ich trug deshalb alles am Körper, was einigermaßen wertvoll war.

Unser Bus erreichte unbehelligt seinen Zielort Quito. Als ich dort jedoch ankam, begegnete ich einigen unter Schock stehenden Backpackern, die schilderten, wie sie ausgeplündert worden waren. Die Banditen seien mit ihren Knarren in den Bus gestiegen und hätten das gesamte Gepäck durchsucht. Mancher besaß nur noch die Klamotten, die er am Leib trug. Ich hatte großes Glück gehabt. Meine Fahrt hatte fast acht Stunden gedauert, und die Wahrscheinlichkeit, überfallen zu werden, war entsprechend hoch gewesen.

Quito war eine der höchstgelegenen Städte der Welt, auf knapp 2800 Metern über Meeresniveau musste man sich erst einmal an die dünne Luft gewöhnen. Als ich durch die Hauptstadt Ecuadors ging, traf ich zufällig Alex und Paul, zwei Freunde, die ich aus Mexiko kannte. Ich hatte keinen festen Plan, was die nächsten Wochen anging, sie wollten zum Karneval nach Brasilien, der in ein paar Monaten begann. Ich fand, das hörte sich gut an, also reisten wir von da an zu dritt weiter. Abgesehen davon, dass man mit den beiden jede Menge Spaß haben konnte, sprachen Alex und Paul perfekt Spanisch, sodass ich auf dem Weg nach Rio de Janeiro an ihrer Seite meine eigenen Sprachkenntnisse aufpolieren konnte.

In Quito hielt mich ohnehin nicht viel. Als ich mich auf einer Plaza an einem Stand für einen Burrito anstellte, wurde ich mit dem Messer bedroht und musste mein Bargeld abgeben. Da konnte ich gleich wieder mit leerem Magen zum Hostel zurückgehen. Mich zu wehren wäre zu gefährlich gewesen, wegen ein paar Euro wollte ich mich nicht abstechen lassen.

Um die Zeit bis zur Abfahrt nach Rio zu überbrücken, packte ich meinen Rucksack und machte noch einen Ausflug in Richtung Norden. Zwanzig Kilometer entfernt von Quito lag dort El Mitad del Mundo – die Mitte der Erde, wo der Äquator die nördliche von der südlichen Halbkugel trennte. Es war der Ort genau auf dem nullten Breitengrad, wo die Sonne mittags keinen Schatten wirft. Wegen der schwachen Erdanziehungskraft bleiben die Eier auf einem Nagelkopf stehen, und das Wasser läuft ohne Strudel in den Ausguss.

Ich versuchte mit dem Zeigefinger meine Nase zu berühren, und traf daneben. Immer wieder stach ich mir mit dem Finger ins Gesicht. So viel Grobmotorik war nur schwer zu akzeptieren, zumal ich völlig nüchtern war. Am Mittelpunkt der Erde ließ ich wieder einmal die Hose herunter und posierte für ein Foto, bei dem mir der Äquator direkt durch die Arschritze lief.

PERU: SÄCHSISCHES FRÜHSTÜCK FÜR DIE LADYS

Spontan beschlossen wir, nach Montañita zu fahren, einer Kleinstadt auf der ecuadorianischen Halbinsel Santa Elena, wo vor allem Backpacker und Surfer abhingen und es sich gut gehen ließen. Ein Spektakel lockte mich schon morgens in den Hafen – am Strand von Montañita wurde der Fisch frisch von den

Fischerbooten angeliefert und sofort geschlachtet. Der Himmel verdunkelt sich, weil Schwärme von Möwen ankamen und darauf warteten, dass sie etwas vom Fang abkriegten. Der Strand war anschließend blutrot eingefärbt, es war ein kleines alltägliches Massaker für den guten Geschmack und Genuss.

Von Montañita ging es weiter an der Küste entlang in Richtung Lima, das über 1800 Kilometer entfernt liegt. Alex, Paul und ich waren zu einem eingespielten Team zusammengewachsen. Alex, der familiäre Wurzeln in Deutschland, Neuseeland und Indonesien hatte, besaß ein feines Gespür dafür, wann es wieder an der Zeit war, die Stimmung anzuheizen. Paul, ein Franzose, der in Japan aufgewachsen war, war dort ein bekannter Schauspieler. Inzwischen lebte er in Spanien, arbeitete als Direktor einer Modekette und produzierte zudem Kinderfilme. Paul befand sich auf Weltreise und war zielstrebig unterwegs, er wollte in einem Jahr möglichst viele Länder abhaken. Wir blieben über einen Monat zusammen, bis Paul sich dann verabschiedete.

Auch zähe Busfahrten, wie man sie nur in Südamerika erleben konnte, wurden mit den beiden nie langweilig. Als wir auf der Küstenstraße nach Lima tuckerten, steckten wir uns einen Joint nach dem anderen an und konsumierten dazu Unmengen an Bier. Wir machten uns langsam warm für die Andenüberquerung, die man nüchtern nur schwer durchstehen konnte. Und Alex arbeitete schon an einem ganz besonderen Doping-Plan.

Lima, die Hauptstadt Perus, ist mir vor allem wegen seiner kulinarischen Besonderheiten in Erinnerung geblieben. In der peruanischen Kultur besitzt das Lama eine große Bedeutung, die Wertschätzung geht so weit, dass es auch im Kochtopf landet.

Lama schmeckte mir sehr gut, gerade das Steak, es erinnerte an Wild und Rindfleisch. In Lima lernte ich auch Ceviche schätzen, für die nur der frischeste Fisch verwendet wurde. Ich probierte auch Quwi, Meerschwein, das wie eine zu groß geratene Ratte aussah und wie Kaninchen schmeckte. Am Bauch war es sehr fett, der Rücken, an dem sich nicht viel Fleisch finden ließ, war schmackhafter.

Manchmal wurde das Meerschwein mit einem kleinen Apfel im Maul serviert, in den seine langen Schneidezähne bissen. Von der peruanischen Küche war ich begeistert, und wenn ich im Restaurant saß, spielte ich immer Roulette und fuhr mit dem Finger die Karte hinauf und hinunter, ohne zu wissen, was ich gerade bestellte. Ich wollte schließlich Erfahrungen sammeln. Ab und zu hätte ich vielleicht doch nachfragen sollen, einmal zum Beispiel kam Lama-Leber mit gegrilltem Darm auf den Teller, das war so ekelhaft, ich konnte es nicht essen.

Frisches leckeres
Meerschweinchen

In Lima feierten wir gut ab, angetrieben von erstklassigem Kokain. Als nachts um drei die Bürgersteige hochgeklappt wurden, fragte ich in einer Kneipe ein Mädchen, ob sie noch ein sächsisches Frühstück wolle. In weiser Voraussicht hatte ich im Hostel ein Einzelzimmer gebucht.

»Ist das gesund?«, fragte die Peruanerin, die in Lima studierte.

»Und wie!«, lautete meine Antwort.

Als wir auf meinem Zimmer ankamen, ging ich in die Küche, holte einen Teller, auf dem ich mein bestes Stück platzierte, und stellte eine geöffnete Dose Bier daneben. So präsentierte ich der Studentin mein sächsisches Frühstück. Und es sollte nicht das letzte Mal sein, dass ich es auf Reisen servierte. Schließlich kam es bei der Premiere gut an. Mein peruanischer Frühstücksgast zumindest war begeistert.

Ohne Machu Picchu besucht zu haben, konnte ich Peru nicht verlassen. Es war das dritte der sieben Weltwunder, die ich alle sehen wollte. Wir buchten eine der günstigen Touren, die sich über drei Tage hinzog. Vom Ven Picchu aus, dem Berg neben der Inkastadt, konnten wir direkt auf die Ruinenstadt hinunterblicken. Von oben sah man auch, dass Machu Picchu wie ein Adler aufgebaut war – eine architektonische Meisterleistung, die mich zum Staunen brachte. Auf dieser Höhe, auf über 2400 Metern, im Regenwald eine Stadt hochzuziehen, das war schon eine Sensation.

Die Tour zur Stadt war verdammt anstrengend, wir waren mit unserem Guide, einem Eselführer und einem Koch unterwegs. Aber wenn der Typ sich Koch nennen durfte, war das eine Beleidigung für den gesamten Berufsstand. Er kannte nur ein Gericht, das er lieblos auf den Teller brachte – Reis mit Tomatenpampe und Toast. Als er dafür auch noch unverfroren Trinkgeld forderte, stellten wir uns stur. Ich gebe gern Trinkgeld, wenn es gerechtfertigt ist. Aber für diese Mahlzeit war jeder Dollar zu viel. Weil wir uns weigerten, ein paar Scheine abzudrücken, wollten die drei uns das Gepäck wegnehmen. Die Situation eskalierte, und ich prügelte mich mit dem schlechtesten Koch der Anden. Unsere Sachen mussten wir dann allein tragen. Auch deswegen werde ich das Weltwunder Machu Picchu nie vergessen.

MIT PFERDE-TRANQUILLO ÜBER DIE ANDEN

Die Busfahrten von Peru über die Anden nach Bolivien sind als Horrortrips berüchtigt und immer ein Thema, wenn Backpacker zusammensaßen. Die Fahrt sollte acht Stunden dauern, aber daraus wurden dann dreizehn Stunden. Dreizehn zähe Stunden, die wir ohne pharmazeutische Hilfssubstanzen kaum überstanden hätten. In Schlangenlinien fuhr unser Bus die Berge hinauf und hinunter, man durfte nicht aus dem Fenster schauen, wenige Zentimeter neben mir fiel eine Schlucht sechshundert Meter in die Tiefe, keine Absperrung, keine Leitplanke schützte vor dem Sturz in den Abgrund. Unser Busfahrer musste ein Mann mit ausgeprägtem Gottvertrauen sein, er zog mit allen PS, die er mobilisieren konnte, in die Kurven – ohne erkennen zu können, ob uns ein anderer Wagen entgegenkam. Ab und zu quetschte er mal seine Hupe, aber vermutlich auch nur, um sich wach zu halten.

Zum Glück ging Alex immer besser in seiner Rolle als Drogen-beauftragter auf. Sein Vater war Arzt, und Alex war sicher schon in jungen Jahren an den privaten Giftschrank gegangen, um mit den Substanzen zu experimentieren. Er kannte sich jeden-falls bestens aus und besorgte die Drogen. Und was für kuriose Dinge dabei waren: In Lima besorgte er uns aus einer Apothe-ke Pferdebetäubungsmittel, die rezeptfrei ausgehändigt wurden. Pferde-Tranquilla waren starke Beruhigungsmittel, die Pferden verabreicht wurden, bevor man sie über längere Strecken trans-portierte. Es wurde dann die abgefahrenste Busfahrt meines Le-bens. Wir schluckten die weißen Pillen mit selbst gebranntem Anden-Schnaps hinunter – eine äußerst effektive Kombination.

Ich saß da, und in meinem Körper und Kopf wirkten Mächte, die ich noch nicht kannte. Wir kauerten auf der Rückbank und wurden immer wieder quer durch den Bus geschleudert. Das aber registrierten wir überhaupt nicht in unserem Zustand. Wir wachten auf einem anderen Sitzplatz auf, ohne zu wissen, wie wir da hingekommen waren. Ab und zu sorgte Alex für Nach-schub, bevor die Wirkung der Pillen nachließ. Ich schluckte das Zeug einfach hinunter, ohne lange nachzudenken. Nebenwir-kungen waren bei diesem Narkotikum schließlich ausdrücklich erwünscht.

In La Paz angekommen, konnten wir uns kaum auf den Beinen halten. Gehen war schwierig und musste erst wieder eingeübt werden. Das Pferde-Tranquillo und die lange Fahrt über die An-den hatten die gesamte Muskulatur betäubt, es fühlte sich an, als hätten wir Gelatine in den Beinen. Was ein Pferd beruhigt, kann einen Mann umhauen.

In La Paz gingen fast jeden Tag Indios auf die Straße und protestierten gegen die Regierung. Bolivien ist eines der ärmsten Länder in Südamerika, obwohl der Tourismus viel Geld in die Kassen spült. Aber die Korruption ist ein weitverbreitetes Problem, was die sozialen Ungleichheiten natürlich verstärkt. Nach Kolumbien ist Bolivien zudem der zweitgrößte Kokainproduzent Südamerikas, ein Wirtschaftszweig, von dem vor allem die wenigen Drogenbarone profitierten.

La Paz ist die höchste Stadt der Welt, 4200 Meter hoch gelegen. Eigentlich brauchte man da keine Drogen. Ein Bier genügte, und schon war man bedient. Trotzdem rauchte ich einen Joint, um die Wirkung in der Höhe zu testen. Das Marihuana dröhnte stärker und schneller, es stieg mir sofort zu Kopf. Um die besonderen Bedingungen in der Höhe auszuhalten, kauen in La Paz alle auf Kokablättern herum, das gewöhnte ich mir auch schnell an. Für fünf Euro kriegte man einen ganzen Beutel voll. Die kleinen grünen Blätter ließ man zwischen dem Zahnfleisch für eine Weile verschwinden. Das half gegen die Kopfschmerzen und die Schläfrigkeit, die man dort oben ständig spürte. Wenn man Kokablätter kaute, fühlte man sich aufgekratzt, als ob man zu viel Kaffee oder Energydrink getrunken hätte.

In La Paz ließ ich mich ziemlich angetrunken tätowieren. Seitdem ist auf meinen Arschbildern auch immer ein Smiley zu sehen. An diesem Tag fing ich schon gegen Mittag zu saufen an und ging dann los, um einen Tätowierer zu suchen. Im Tattooladen arbeiteten eine Frau und ein Mann, und als ich eintrat, stand gerade der Schichtwechsel an. Der Typ machte Feierabend, also musste sie ran. Ich ließ die Hosen runter und meinte: »Leg einfach los, mir ist egal, wie es aussieht.«

Nachdem sie fertig war, schloss sie die Tür ab und wir liebten uns auf der Tätowierpritsche, daneben lag die Pistole, mit der sie meine Haut bearbeitet hatte. Es war ihr erstes Smiley, das sie auf einem Hinterteil verewigt hatte. Für mich war es das einzige Mal, dass ich in einem Tattooladen Sex hatte.

An einem der Abende zogen wir zum Cholita-Wrestling nach El Alto, einem Berghang über La Paz. Cholita cachascañista, so heißen Boliviens berühmt-berüchtigte Wrestlerinnen. Die Indio-Frauen trugen traditionelle Röcke, in denen sie fast so breit wie groß waren. Sie galten als fanatische Kampfmaschinen, die keine Gnade kannten. Nach einer Weile fiel der Strom aus, und eigentlich hätte der Kampf abgebrochen werden müssen. Aber sie prügelten weiter aufeinander ein, voller Hass und mit brutaler Energie, obwohl ihre Oberkörper sich schon vom Blut eingefärbt hatten.

Im Zentrum von La Paz befand sich auch das Groß-Gefängnis San Pedro, das wie eine kleine Stadt funktionierte. Rusty Young beschreibt den berüchtigten Massenknast in seinem Buch »Marschpulver«. Ich stand vor dem Eingang und wollte hinein, aber die Türen blieben verschlossen, obwohl ich den Wärtern die nötigen Geldscheine zwischen die Finger gesteckt hatte. Kurz zuvor waren wohl zwei Engländerinnen dort vergewaltigt und getötet worden, deshalb wurden alle Besucher abgewiesen.

Die Todesstraße in La Paz stand auf meiner Liste der riskanten Abenteuer, die ich unbedingt bestehen wollte. Die Todesstraße gilt als die gefährlichste Straße der Welt, Alex, Paul und ich wollten sie mit dem Fahrrad bezwingen. Damals starben jeden Monat Dutzende von Menschen. Auf dem Camino de la Muerte stürzten immer wieder Lastwagen und voll besetzte Busse ab, man sah die Wracks in den Schluchten liegen. Die Fahrbahn war so eng, dass man bei Gegenverkehr zurücksetzen musste. Auch in guter Verfassung war die Todesstraße eine Herausforderung, wir traten aber natürlich ordentlich verkatert an. Bevor wir von 4200 auf 1700 Meter runterstürzten, wurde noch Schnaps ausgeschenkt: einer für die Reifen, einer für den Fahrer. Ich konnte die kleine Stärkung gut gebrauchen.

Wir hatten die Todesstraße als Tour mit einem Guide gebucht. In der kleinen Gruppe waren auch Australier am Start, die noch nie auf einem Rad gesessen hatten. Wir seilten uns ab und rasten vorneweg, sprengten dabei die ganze Ordnung in der Formation. Das würde später natürlich wieder Ärger geben, aber ich war ja gut darin, so etwas an mir abprallen zu lassen.

An diesem Morgen war es so neblig, wir konnten beim Radeln kaum den Rücken des Vordermannes erkennen. Es war ein Nebelschwamm, der uns aufsog und verschluckte. Die Temperaturen schnellten in die Höhe, je weiter wir vorankamen, oben war es kalt, unten warm. Die Todesstraße war keine Straße, wie es sie in Europa gibt. Es war eine löchrige und abschüssige Schotterpiste, die Reifen fanden beim Bremsen kaum Halt, und an manchen Stellen war die Piste schmal wie ein Handtuch. Auf der linken Seite befand sich eine dunkle Felswand, von der das Wasser über den Schotter lief, auf der anderen öffnete sich der Abgrund. Immer wieder fielen Steine herunter, ich hielt mich am Lenkrad fest und hoffte, dass ich irgendwie heil runterkäme. Ein

Fahrfehler, und ich hätte ein paar Tausend Meter weiter unten in der Schlucht gelegen.

Ich muss zugeben, dass ich da einen ganz schönen Bammel hatte. Inzwischen soll die Straße ausgebaut und nicht mehr so gefährlich sein, ein Teil des Verkehrs wird zudem auf eine Umgehungsstraße geleitet.

Als wir unten ankamen, klatschten wir uns ab, schweißnass, zittrig und glücklich. Ich wäre die Todesstraße am liebsten gleich noch einmal runtergestürzt, so viel Adrenalin pulsierte durch meinen Körper.

Weiter ging es in das Amazonasbecken. Alex und ich wollten zu den Chimane, einem Indiostamm, und *Ayahuasca* ausprobieren. Das war eine Droge, die aus einer Liane hergestellt wurde. Paul hatte uns vorübergehend verlassen, wir würden ihn später wiedertreffen. Wir wollten auf eigene Faust zum Amazonas aufbrechen, aber es gelang uns nicht, selbstständig Kontakt zu den Chimane herstellen. Also schlossen wir uns einer Gruppe von zwanzig Leuten an, die meisten davon Backpacker. Die Stimmung war ausgelassen: »Juhu, heute nehmen wir wieder mal Drogen, aber andere als sonst!«

Ich wusste gar nichts von *Ayahuasca* und war wie immer neugierig darauf, eine Naturdroge auszutesten. Als wir zu den Chimane kamen, stellte sich heraus, dass wir deren spezielles Ritual befolgen mussten, um *Ayahuasca* zu nehmen. Man setzte sich im Kreis zusammen, jeder bekam einen Chimane zur Seite, der auf ihn aufpassen sollte.

Das gefiel mir gar nicht, ich hatte genügend Drogen konsumiert, um ohne Aufpasser klarzukommen. Aber die Chimane erzählten, dass schon einige auf *Ayahuasca* in den Wald gelaufen und erst Wochen später tot aufgefunden worden seien. Manche seien auch auf dem Trip hängen geblieben und hätten den Verstand verloren – das waren ja mal gute Aussichten!

Wir bekamen *Ayahuasca* als Tee serviert, es schmeckte ekelhaft und unerträglich bitter, ich musste den Lianentee mühsam hinunterwürgen. Die Wirkung war dann deutlich angenehmer, die Geräusche und die Farben wurden intensiver, die Gesichter veränderten ihre Konturen und wurden im Wechsel größer und kleiner. Da waren Vögel, hundert Meter weg, ich dachte, der sitzt bei mir auf der Schulter. Eine Frau heulte die ganze Zeit, sie schob eine Panikattacke nach der anderen. Ich konnte den Trip genießen, es amüsierte mich, dass die bekannten Dimensionen und Maßstäbe verloren gingen. Jeder erlebte *Ayahuasca* anders – einer sah Inkakrieger aus längst vergangenen Zeiten, der andere meinte, dass die Welt sich schneller drehte. Bei mir verschärfte die Droge nur die Sinne. Ich sah und hörte mehr, und ich konnte einzelnen Geräuschen viel mehr abgewinnen als in nüchternem Zustand.

Auch Alex, bei dem *Ayahuasca* in sein Spezialgebiet spirituelle Drogen und Halluzinogene fiel, wusste den Abend bei den Chimane zu schätzen.

Nach einer Nacht, die wir im Freien in Zelten verbrachten, fuhren wir in kleinen Booten auf dem Amazonas. Ein kleines Stück mussten wir durchs Wasser waten. Hinterher erzählte unser Guide, dass man auf keinen Fall ins Wasser pinkeln dürfe. Die Barracudas suchten nach warmem Wasser, es sei schon vorgekommen, dass sie sich in der Harnröhre von Männern absetzten, wo sie dann weiterwuchsen. Letztlich könne man nur noch den Penis amputieren.

Natürlich hatte ich in den Fluss gepinkelt, als Einziger in der Gruppe. Ich musste zum Arzt, der aber schnell Entwarnung gab. Den Barracudas hatte mein Urin mit den ganzen Rückständen, dem Alkohol und den Drogen darin wohl nicht gefallen. Es war trotzdem eine schlimme Vorstellung, dass ich mein Prachtstück hätte verlieren können. Das brauchte ich doch noch auf meinen weiteren Reisen.

SÜDAMERIKA II:
CHILE, ARGENTINIEN,
URUGUAY, BRASILIEN

ÜBER CHILE NACH ARGENTINIEN

Auf den Weg nach Chile machte ich mich mit einem kanadischen Paar, dem ich in Salar de Uyuni begegnet war, der größten und höchstgelegenen Salzwüste der Welt. Alex und Paul verfolgten eigene Pläne, wir wollten uns irgendwo auf dem Weg nach Brasilien wiedertreffen und dann, wie verabredet, gemeinsam den Karneval erleben.

Extreme Landschaften wie Salar de Uyuni übten einen besonderen Reiz auf mich aus. Die Wüste liegt im Südwesten von Bolivien und ist mit mehr als 10.000 Quadratkilometern die größte Salzpfanne der Welt, sie erstreckt sich auf einer Fläche von 140 Kilometern Länge und 110 Kilometern Breite. An manchen Stellen ist die Salzkruste bis zu zehn Meter dick. Und wenn ich mich schon mit dem Phänomen Wüste beschäftigte, dann richtig – nach Salar de Uyuni inspizierte ich noch die Atacama, die trockenste Wüste der Welt, die sich an der Pazifikküste Südamerikas auf 1200 Kilometern erstreckt.

Die größte Salzwüste der Welt

Die Atacama liegt im Regenschatten der Anden, es gibt Orte, wo es schon seit Jahrzehnten nicht mehr geregnet hat. Einige Wetterstationen in der Gegend haben wohl noch nie einen Tropfen registriert. Falls es aber doch regnet, erblühen Teile der Wüste innerhalb kürzester Zeit – es muss ein faszinierendes Spektakel sein, das ich leider nicht zu sehen bekam. Aber ich war auch so überwältigt, allein von den Ausmaßen der Atacama.

Chile empfand ich als gewaltiges Flashback, hier wurde ich immer wieder mit meiner DDR-Vergangenheit konfrontiert. In Santiago de Chile hatten sich nach ihrer Flucht aus der zusammengebrochenen DDR Erich und Margot Honecker niedergelassen. Margot Honecker – ihr Mann war schon seit einigen Jahren tot – war auch bei den Einheimischen immer wieder Gesprächsthema in der chilenischen Hauptstadt, wenn sie in ihren Kneipen zusammensaßen.

Als ich in Santiago durch die Straßen streifte, geriet ich urplötzlich in eine Auseinandersetzung von Studenten und Polizisten, die nicht mit Tränengas geizten. Ich bekam als völlig Unbeteiligter eine ordentliche Dosis davon ab und musste behandelt werden. Danke, ihr übereifrigen Polizisten von Santiago, ich wollte eigentlich nur ein Glas chilenischen Wein trinken.

Ich fuhr weiter nach Valparaiso, einer Stadt an der chilenischen Küste. Auf den Hügeln von Valparaiso hatte sich eine Künstlerkolonie eingerichtet, auch hier lebte der Honecker-Sozialismus in einer Scheinwelt noch weiter. Ich traf auf einige Deutsche, die sich mit Symbolen aus der ehemaligen DDR umgaben – überall waren das Wappen der DDR mit Hammer, Zirkel und Ährenkranz und sogar Uniformen der Nationalen Volksarmee zu sehen. In den Läden standen Typen in Uniformen, die sich von den Touristen fotografieren lassen, immer mal wieder ging auch eine NVA-Uniform über den Ladentisch. So viel DDR-Nostalgie brauchte ich nun wirklich nicht.

BUENOS AIRES, ARGENTINIEN

Es fiel mir nicht schwer, Chile hinter mir zu lassen. In Argentinien fühlte ich mich besser aufgehoben, der Funke sprang sehr schnell über in Buenos Aires, dieser lebendigen Stadt. Ich mietete mich in der Avenue Hipólito Yrigoyen im *Milhouse* ein, einem beliebten Partyhostel. Immer wieder trieb mich der Zufall Trav und Taylor in die Arme, dem afro-kanadischen Pärchen.

»Das gibt es doch gar nicht, Mike!«, sie schüttelten beide den Kopf, als sie mir in der Nähe des Hostels über den Weg liefen.

Zusammen feierten wir eine Woche lang unser Wiedersehen und nahmen sogar Tango-Stunden im *Milhouse*, einem der besten Hostels überhaupt, das ich auf meinen Reisen besucht habe.

Tango in Buenos Aires sollte ich auf immer mit Amelia verbinden, die ich im *Milhouse* kennenlernte. Amelia war eine Traumfrau, sie hatte lange schwarze Haare und den absoluten Luxuskörper. Es war unmöglich, dieser Bonita nicht augenblicklich zu verfallen. Mit Amelia tanzte ich Tango und ging mit ihr auch gern an den Strand. Manchmal brachte sie ihre Freundinnen mit, die da im Sand saßen, oben ohne, nur mit einem schmalen Tanga bekleidet, und ihren Mate-Tee tranken. Ein perfektes Szenario, von der Getränkeauswahl einmal abgesehen. Ich versuchte meine Gedanken unter Kontrolle zu bekommen, aber in meinem Kopf spielten sich die wildesten Szenen ab, wenn ich mir die argentinischen Mädels anschaute.

Mit der Engländerin Cathy sowie mit Melanie und Andrew, einem australischen Paar, unternahm ich einen Trip an den südlichsten Punkt der Erde. Die Strecke dorthin war beschwerlich, wir waren zwanzig Stunden mit dem Auto unterwegs, es ging immer nur geradeaus in Richtung Patagonien. Auf dem Weg dorthin änderte sich ständig die Landschaft, mal war sie kahl, trocken und flach, dann wucherte wieder ein üppiges Grün. Überall an der Strecke standen Schafe, Abertausende von Schafen. Die Berggipfel des Torre de Peina, der Chile und Argentinien geografisch miteinander verband, waren wie ein riesiges W geformt, die Natur war überwältigend, wir konnten Delfine, Pinguine und sogar Wale in freier Wildbahn beobachten.

Staunend standen wir auch vor dem Perito Moreno, einem gewaltigen Gletscher in Patagonien, an dem kurz danach die Eisbrücke einstürzte, eine sechzig Meter hohe Eisfront. Manchmal hatte ich den Eindruck, dass meine bloße Anwesenheit die Naturkatastrophen auslöste – kurz nachdem ich Christchurch in Neuseeland besucht hatte, zerstörten furchtbare Erdbeben die Stadt, und kurze Zeit, nachdem ich Japan verlassen hatte, schwappte ein Tsunami über die Küste.

Bevor wir Ushuaia, die südlichste Stadt der Welt, erreichten, mussten wir an einer Tankstelle einen ganzen Tag darauf warten, bis ein Tanklaster Benzin lieferte. Die Einheimischen erzählten uns, dass das manchmal drei Tage dauern könnte. Wir saßen an der Tankstelle in unserem Wagen, immer wieder wurde einer losgeschickt, um neues Bier zu holen. So ließ sich die Zeit besser vertreiben.

Ushuaia hat etwas mehr als 60.000 Einwohner, ich erinnere mich an starke Regenfälle und heftige Windböen, die mich aber nicht davon abhielten, die Stadt und ihren Hafen zu erkunden. Für mich war es ein einmaliges Gefühl zu wissen, dass ich am südlichsten Punkt der Erde stand, einem archaischen und ungebändigten Flecken Natur. Nach fünf Tagen in Patagonien kehrten wir nach Buenos Aires zurück – ohne weitere besondere Vorkommnisse.

Im *Milhouse* begann ich an der Bar mitzuarbeiten, jeden Abend war dort Happy Hour von 19 bis 21 Uhr, und ich hatte alle Hände voll zu tun. Für mich begann die Happy Hour nach der Barschicht. Einmal vergnügte ich mich im *Milhouse* mit einem Mädchen in einem der öffentlichen Badezimmer, ich nahm sie auf einem der Waschbecken, das krachend aus der Verankerung brach, und das auslaufende Wasser flutete das Bad und überschwemmte den davorliegenden Flur. Die Lady ließ mich mit einer prächtigen Latte stehen und flüchtete halb nackt auf ihr Zimmer. Ich musste den Wasserschaden und das Waschbecken bezahlen, die Geschichte sprach sich schnell im Hostel herum. Meinem Ruf schadete sie nicht, im Gegenteil, wenig später konnte ich auch bei der göttlichen Amelia landen. Ich liebte sie mehrmals hintereinander und lag selten so zufrieden auf einer Matratze wie in dieser Nacht. Ich war so hingerissen von Amelia, dass mir zum ersten Mal auf meinen Reisen der Gedanke kam, ich könnte bei ihr bleiben und mit ihr zusammenleben. Aber das war nur ein kurzer Moment der Liebesmelancholie, der sich nicht lange hielt. Ich war Backpacker und musste frei sein.

REZEPTIONIST MIT KLEINEN SCHWÄCHEN

Nach vier Wochen im *Milhouse* zog ich vergnügt weiter nach Montevideo. Wie sich herausstellte, war Uruguay das Fleischland überhaupt – die Steaks dort waren die besten der Welt. In Argentinien hatte ich das angeblich beste Steakhouse der Welt besucht, *El Bolicho de Alberto* in Bariloche. Ich hatte dort ein richtig gutes Stück Fleisch bekommen, aber gegen die großartigen Steaks in Uruguay kam es nicht an.

In Montevideo logierte ich im Hostel *Escuela de Rock*, das gerade eröffnet hatte. Manche Ecken in der Unterkunft erinnerten noch an eine Baustelle. Herman von Zedtwitz, der Besitzer des Hostels, hatte wie viele Bewohner Uruguays deutsche Vorfahren. In der *Escuela de Rock*, was übersetzt *Schule der Rockmusik* heißt, wurden immer wieder Konzerte veranstaltet. Gage gab es keine für die Musiker, aber sie konnten umsonst übernachten und feiern. In dieser Atmosphäre, umgeben von lässigen Musikern, die den Rock 'n' Roll zu ihrer Lebensdevise erhoben hatten, fühlte ich mich wohl. Wir lebten in den Tag hinein und ließen alles lässig auf uns zukommen.

Herman von Zedtwitz suchte dringend Mitarbeiter für sein Hostel, also half ich drei Wochen lang an der Rezeption mit und trug sogar offiziell den Titel »Hostel-Manager«. Meist trat ich in der Nachtschicht an und ging dann fast nie ohne Begleitung auf mein Zimmer. Wahrscheinlich war ich der lausigste Rezeptionist und Manager, den das Hostel jemals gesehen hatte – wobei es ja gerade neu eröffnet worden war und das nicht viel heißen musste. Was die Frauen anging, konnte ich in Montevideo meine Nationalitäten-Liste erweitern und sogar in Vorleistung gehen: Ich lernte eine Schottin und eine Südafrikanerin kennen und gleich mehrere Brasilianerinnen. Letztere luden mich ein: »Wenn du nach Brasilien kommst, dann schau unbedingt bei uns vorbei.«

Das musste man mir nicht zweimal sagen. Ich war ohnehin auf dem Weg zum Karneval, und nun steigerte sich meine Vorfreude auf Brasilien nur noch mehr.

Zuerst fuhr ich mit dem Bus an der Küstenstraße nach Florianópolis, wo ich zwei Australiern begegnete, die sich *The Naked Travellers* nannten und meist nackt herumreisten. Die beiden waren durchtrainiert und konnten beeindruckende Sixpacks vorweisen.

Denen schloss ich mich an, zu dritt stellten wir uns nackt an die Straße. Micha nackt am Straßenrand: Wie das wohl im konservativen Kamenz angekommen wäre? Vermutlich hätte man mich entmündigt und enterbt und mir zusätzlich einen Platz in der Klapsmühle reserviert.

Was den Sixpack anging, konnte ich nicht mithalten mit den Naked Travellers. Aber ich gab mir alle Mühe, eine Bella Figura abzugeben, und so standen wir nie lange am Straßenrand – die meisten Autofahrer reagierten locker und hielten an. Brasilianer waren in der Regel sehr offen und direkt. Wir trampten zusammen nach São Paulo, einer Stadt, mit der ich mich nicht anfreunden konnte. Die Straßen der Innenstadt waren von Obdachlosen bevölkert, ein Menschenleben war dort nicht viel wert, die Kriminalitätsrate war eine der höchsten in Brasilien. Wer dort als Tourist seinen Wohlstand vorführte und mit einer Kamera durch die Gegend stolzierte, der wurde abgezogen und musste sich glücklich schätzen, wenn er unverletzt blieb.

Die letzte Etappe nach Rio de Janeiro, gute vierhundert Kilometer, legte ich wieder mit dem Bus zurück.

RIO DE JANEIRO: APPLAUS FÜR DIE SONNE UND DAS LEBEN

Rio, das war Liebe auf den ersten Blick. Der Zuckerhut, die Sonnenuntergänge, die Strände und diese Frauen – Rio war für mich die schönste Stadt der Welt. Ich war kaum angekommen, Mitte Januar 2012, da stand für mich fest: Hier bleibe ich eine Weile, hier bekommt mich so schnell niemand mehr weg.

Rio elektrisierte mich vom ersten Moment an mit seiner Lebenslust und Energie. Ich spielte mehr als einmal mit dem Gedanken, für immer an den Zuckerhut zu ziehen. Rio war der Platz, an dem ich leben und sterben wollte.

Das Hostel, in dem ich zunächst unterkam, lag in Botafogo. In einem Monat sollte der Karneval beginnen, den nun doch nur Alex und ich gemeinsam feiern wollten. Wo Paul abgeblieben war, wusste ich nicht, er hatte anscheinend seine Reisepläne geändert. Es sollte lange dauern, bis ich ihn wiedersah.

Im Hostel in Botafogo kam es zum schnellsten Sex auf meinen Reisen: An der Rezeption saßen zwei junge, attraktive Brasilianerinnen, eine zeigte mir mein Zimmer, und wir landeten sofort auf dem Etagenbett. Ich war noch keine fünf Minuten im Hostel angekommen, mein Rucksack stand noch draußen auf dem Flur. Anschließend stieg ich unter die Dusche und meinte auf dem Weg ins Badezimmer flapsig zu ihrer Kollegin: »Und du bist als Nächste dran.«

So kam es auch. Ich hatte einen ordentlichen Schlag bei südamerikanischen Rezeptionistinnen, ich konnte zunächst gar nicht glauben, wie glatt alles in Rio lief. Ich wurde öfter von den Frauen angequatscht: »Du bist aber ein Süßer, *alemão*!« Und wenn ich meinerseits die Mädels mit *Oi Bonita* begrüßte – Hallo, meine Schöne –, dann hatte ich schon beinahe gewonnen. Als blonder Deutscher hatte ich leichtes Spiel.

Ab und zu übernachtete ich bei einem der beiden Rezeptionistinnen, die noch zu Hause wohnten. Da bekam ich gleich Familienanschluss, es war nichts Besonderes, dass da ein Gringo mit am Frühstückstisch saß. Gringo ist in Brasilien wohlwollend als Kosename gemeint, in Mexiko war das anders gewesen. Da war der Gringo der verhasste Ausländer, vor allem wenn er aus den USA kam.

Direkt an Botafogo grenzt der Stadtteil Flamengo, und wenn die beiden Fußballklubs aufeinandertreffen, herrscht auf den Straßen der Ausnahmezustand. Zwischen den beiden Klubs besteht eine eingefleischte Rivalität, die manchmal in Hass überzugehen schien. Als die Spieler von Botafogo mit dem weißen Stern auf schwarzem Untergrund gegen die Flamengos in Rot-Schwarz antraten, war die Stimmung jedenfalls ausgesprochen explosiv. Gleich am zweiten Tag nach meiner Ankunft musste ich mit zum Derby, eine der Brasilianerinnen aus dem Hostel hatte mich dazu eingeladen. Draußen vor dem Stadion und auf den Straßen prügelten sich die Anhänger, auch drinnen ging man nicht zimperlich miteinander um. Das ganze Stadion bebte, auf den Rängen zündeten die Fans Klopapierrollen an und warfen sie nach unten, das war ziemlich krank und nicht ungefährlich. Aber was für eine Stimmung!

Meine ersten Tage verbrachte ich vor allem am Strand von Ipanema, an dem auch gern ein Joint die Runde machte. Die beiden Strände Ipanema und Copacabana sind nur durch die Felsenspitze Arpoador voneinander getrennt. Am Strand von Ipanema war man unter *Cariocas*, wie die Einwohner von Rio sich nannten. Die Frauen trugen oft nur einen Tanga und zeigten, was sie hatten. Alle hundert Meter stand eine kleine Bar, das Leben war erstaunlich entspannt – trotz aller Probleme, mit denen viele der Bewohner Rios sich herumschlugen. Manchmal ging ich mit einem Mädel ins Stundenhotel, die Lust auf den Sex am Strand war mir nach meiner Erfahrung in Mexiko vergangen. In diesen Absteigen konnte man für kleines Geld drei Stunden lang ein Zimmer buchen. Überall hingen Spiegel an der Wand, auf einem Bildschirm liefen ununterbrochen Pornofilme. In Ipanema konnte ich mein Portugiesisch auch in der Horizontalen aufbessern: *Linda bunda* bedeutete prächtiger Hintern, und über dieses Kompliment freuten sich die brasilianischen Frauen mehr, als wenn ich von ihren schönen Augen schwärmte.

Rio von oben

Die Copacabana gefiel mir weniger, das war mir zu touristisch, am bekanntesten Strand der Welt schafften zudem Nutten an, denen man besser aus dem Weg ging. Die, so wurde ich gewarnt, arbeiteten auch mit K.o.-Tropfen, um an die Kreditkarten ihrer Kundschaft zu gelangen.

In Ipanema hatte ich manchmal zwei, drei schöne Frauen an einem Tag. Was für ein Leben! Das war die höchste Frauenquote auf meiner Reise. Wenn die Kamenzer mich hätten sehen können, sie hätten es nicht geglaubt: Micha, der kleine Metzger, der sich nur was getraut hatte, wenn er betrunken war, spazierte von einer brasilianischen Schönheit zur nächsten.

Dieses bombastische Lebensgefühl verdeutlichte auch mein Arschfoto, das mich auf dem Morro Dois Irmãos zeigte, einem Felsen im Stadtteil Vidigal. Unter mir lag der Strand von Ipanema, in der Ferne war der Zuckerhut zu erkennen. »Mein Pimmel für Rio« – mit dieser Zeile postete ich das Foto, ich grinse mit dem Smiley auf meiner linken Arschbacke um die Wette. Wenn in Ipanema abends die Sonne zwischen den Bergen niedersank, spielte sich ein Ritual ab, das mich jedes Mal aufs Neue ergriff, weil es Größe und Demut zeigte. Alle Cariocas standen auf und applaudierten der untergehenden Sonne. Danach gingen sie nach Hause. Ich applaudierte mit, es war auch ein Beifall für das Leben, das so unglaublich großartig sein konnte.

Zum Karneval waren alle Hostels vollständig ausgebucht, und ich musste mich um eine Bleibe kümmern. Auf Posto Seis, am Strandabschnitt 6, war jeden Mittwoch Couchsurfing-Meeting. Da schlenderte ich hin, um doch noch irgendwo ein Zimmer zu finden. Einer am Tisch schlug vor, dass ich in die Favela ziehen könnte, es sollte wohl ein Spaß sein. Aber mir gefiel die Idee.

»Warum nicht?«, antwortete ich und meinte es ernst. Ich wollte schließlich unter Leute kommen und Kontakte knüpfen.

Am nächsten Tag zeigte mir einer der Brasilianer vom Pisto Seis die Favela Vidigal, die direkt an den Stadtteil Ipanema grenzte. Das Armenviertel klebte wie ein Vogelnest auf dem Hügel zwischen Rios reichsten Stadtteilen Gávea, Leblon und São Conrado. Es war ein Wunderwerk aus gestapelten Häusern und Hütten, mit steilen Gassen und abenteuerlichen Treppen. Von hier aus hatte man einen der besten Blicke auf die Stadt. Man sah den erhabenen Cristo Redentor, die weltbekannte Christusfigur, auf dem Corcovado, dem vergleichsweise kleinen Zuckerhut, und die weltberühmten Strände. Es waren gleich mehrere weltberühmte Postkartenmotive, die ineinander übergingen und um Aufmerksamkeit des Betrachters buhlten.

Ganz oben in der Favela Vidigal war ein Hostel, das von einem Österreicher geführt wurde. Dort fragte ich wegen eines Zimmers. Kurz zuvor hatte die Polizei angefangen, die Favelas in Rio zu durchkämmen. Mit solchen Säuberungsaktionen wollten die brasilianischen Politiker Rio vor der Fußball-Weltmeisterschaft 2014 sicherer machen. Dabei ging die Polizei häufig brutal vor. Bei ihren Kontrollen traten sie einfach Türen ein und verwüsteten die Häuser ohne Anlass. Auch Fälle von Folter waren belegt, von Vergewaltigungen und öffentlichen Hinrichtungen. Wenn Favela-Bewohner getötet wurden, hörte man in Rio oft: Bestimmt hatten sie mit dem Drogenhandel zu tun! Aber es kamen auch kleine Kinder ums Leben, wenn die Polizei angeblich für Recht und Ordnung sorgte – und das konnte wohl kaum mit rechten Dingen zugehen.

An den Häusern und Hütten Vidigals hingen noch Plakate, die ankündigten, dass die Favela geräumt werden sollte. Manche der Hauswände waren durchsiebt von Einschusslöchern. Nach den brutalen Aktionen der Polizei stünden einige Wohnungen leer, erzählte mir Pascal, der aus Vorarlberg nach Rio gezogen war.

Ich wollte gern in der Favela Vidigal bleiben, obwohl die Stimmung auf dem Tiefpunkt war und man schon schief angeguckt wurde, wenn man als Fremder nur kurz hindurchlief. In einer Favela wie Vidigal konnte man jederzeit in eine Schießerei geraten. Wenn man sich da zu lange aufhielt ohne die Erlaubnis der richtigen Leute, riskierte man sein Leben. Pascal riet mir, dass ich mich schleunigst beim Paten melden sollte, der im Viertel das Sagen hatte.

VORSTELLUNGSGESPRÄCH BEIM PATEN

Da saß er, in Shorts und Tanktop, mit der Figur eines Möbelpackers, die Haut tiefschwarz. Um den Hals trug er eine fette Goldkette, seine Haare waren kurz geschorenen, auf der Oberlippe stand ein dünn ausrasiertes Bärtchen. Draußen vor dem Haus hielten ein paar Bodyguards Wache, auf den Flachdächern der umliegenden Häuser spielten Kinder. Vor ihm lag eine Knarre auf dem Tisch, die so aussah, als könnte sie ein riesiges Loch durch meine Haut, aber auch durch eine Wand aus Stein schießen. Miguel, Mitte dreißig, war Pate und Patron in der Favela Vidigal. Er fixierte mich eine Weile mit finsterer Miene und fragte in einem Mix aus Portugiesisch und Englisch: »Warum willst du als Gringo ausgerechnet hier wohnen?«

Die Zeiten waren unruhig, und die Polizei versuchte ihre Spitzel auch in den Favelas unterzubringen. Ich erklärte ihm, dass ich als Backpacker auf Weltreise sei und wie ein Einheimischer und nicht wie ein Tourist leben wolle.

Miguel schob die Knarre zur Seite, dann sagte er: »Du darfst hier nie mit Drogen dealen, sonst wird es ungemütlich, mein Freund.«

Die Drogen waren sein Geschäft, und aus dem hatte ich mich rauszuhalten. Wenn ich mich nicht an die Abmachung hielt, drohte er, hätte ich ganz schnell eine Kugel im Kopf.

Dann packte er aus einem Papiersack neben sich eine Kehrschaufel Koks auf den Tisch, ein Riesenberg, der gereicht hätte, um den Strand von Ipanema zu versorgen. Nimm so viel du willst, sagte er. Miguel wollte mich ganz offensichtlich testen: Wenn er mir vertrauen könnte, dann würde ich mich auf dieses Spielchen einlassen und eine Line mit ihm ziehen. Dann wäre ich auch cool genug, um in Vidigal wohnen zu können. Er verließ sich dabei voll und ganz auf sein Gefühl, einen Polizeispitze, sagte er später, könne er spätestens beim Koksen erkennen. Ich zog so lange und so heftig, bis meine Nase anfing zu bluten. Miguel ließ mich die ganze Zeit nicht aus den Augen, irgendwann fing er zu grinsen an, ich hatte das Vorstellungsgespräch beim Paten bestanden. Ich schwebte hinaus in die Sonne, aus meiner Nase tropfte Blut auf den heißen Boden. Nach dem Besuch bei Miguel hatte ich in Vidigal meinen Namen weg: Ich war *Loco Gringo*, der total verrückte Gringo.

Eine Woche vor Beginn des Karnevals bezog ich ein altes Steinhaus mit dreißig Quadratmetern in der Favela Vidigal. In Rio nannte man die Bewohner einer Favela *preto*. Das meinte dunkler, ärmer, schlechter gekleidet und weniger gesund. Und mit geringerer Lebensaussicht. Unter ihnen lebte ich jetzt, und neben dem Österreicher war ich der einzige Weiße im ganzen Armenviertel. Damit war ich einer der wenigen Fremden, denen das jemals erlaubt worden war, wie ich erfuhr.

Das Haus war ziemlich spartanisch eingerichtet. Es bestand aus einem Raum, in dem ein klappriges Holzbett mit Matratze stand, an der Seite befand sich eine kleine Küche. Bei Miguel lieferte ich dafür umgerechnet hundertfünfzig Euro im Monat ab, ein guter Kurs für die Karnevalszeit. Ich gewöhnte mich in der Favela schnell an das Leben der Einheimischen, an ihre Gebräuche, ihr Essen. Oft kam *Pastel de Natas* auf den Tisch, ein typisches Gericht, Hackfleisch in Teigröllchen mit unterschiedlichen Dips. Oft gab es auch Acai, eine dunkelblaue Frucht, die aus dem Regenwald kam. Aus Acai wurde ein fantastisches Sorbet hergestellt, nach dem ich süchtig war und für das ich fast alles getan hätte. Als ich längst wieder in Deutschland war, hatte ich manchmal einen Heißhunger darauf. Ich fragte bei einigen brasilianischen Restaurants in Deutschland nach, ob sie dieses großartige Sorbet aus Acai machten. Aber so wie in Rio habe ich es nie mehr gegessen.

Während der Zeit in Vidigal hatte ich kaum Kontakt zu anderen Backpackern. Langsam begann ich mich wie ein Brasilianer zu fühlen. Ich wurde eingeladen, wenn es was zu feiern gab. Ich war einer von ihnen und auch mittendrin, wenn Gefahr von außen drohte, wenn beispielsweise die Polizei wieder einmal zu Kontrollen auftauchten. Wann immer die Cops anrückten, gaben die Kinder Signale, einige von den Älteren schoben Wache. Manchmal ließen sie Drachen steigen, um die Ankunft der verhassten Polizisten anzukündigen.

In der Favela sagten alle: »Wir lassen die Bullen machen, bis die Weltmeisterschaft zu Ende ist. Aber dann holen wir uns alles zurück, was uns gehört.«

Manchmal war die Atmosphäre in Vidigal unerträglich angespannt. Es fühlte sich an, als könnte schon der Flügelschlag eines Schmetterlings eine Katastrophe auslösen. Es passierte nicht wirklich etwas in den zwei Monaten, die ich da lebte. Aber das Gefühl, dass jeden Moment etwas passieren könnte, ließ mich nicht los. Die Bewohner von Vidigal vertrauten Miguel mehr als den Polizisten und Soldaten, auch wenn viel Blut an den Händen des Paten klebte. Aber er beschützte sie und sorgte für die vielen Kinder. Er zeigte mehr Herz für die Armen als die korrupten Politiker von Rio.

Meine Nachbarschaft in Vidigal

Mittelpunkt der Favela war ein kleiner Mercado, in dem man mich bald kannte. Wenn ich meine Einkäufe erledigte, musste ich von meinen Reisen und von Deutschland erzählen. Nach und nach klopften auch die Nachbarn an meine Tür, um sich vorzustellen und mich zu sehen. Zweimal kamen Frauen, die den Sex mit einem Deutschen ausprobieren wollten. Wie sich das mit brasilianischen Männern anfühlte, wüssten sie zur Genüge. Die eine der beiden war um die vierzig, die andere Mitte zwanzig. Ausgesprochene Schönheiten waren sie beide nicht, aber ich buchte den

Sex mit ihnen auf dem klapprigen Holzbett ohnehin als praktizierte Nachbarschaftspflege ab. Ich hätte auch noch mehr von meinen Nachbarinnen verwöhnt, da ließ ich grundsätzlich nichts anbrennen.

Wenn ich unten war am Strand von Ipanema, ließ ich mich von einem der Mopeds nach Hause fahren, die dort grundsätzlich warteten. Ein paar Jungs hatten einen Transportdienst eingerichtet. Mein Haus stand oben am Berg, der Weg war ziemlich steil, bei Hitze und in Flipflops hätte ich eine Stunde gebraucht. Mit dem Moped waren es keine zehn Minuten, und die Fahrt kostete mich lediglich zwei bis drei Real, also ungefähr einen Euro. Den Weg nach unten legte ich immer zu Fuß zurück, um den neuesten Klatsch und Tratsch in Vidigal zu erfahren.

Am Sonntag wurde es laut im Viertel, da war Favela-Funk-Party angesagt. Getanzt wurde auf amerikanischen Funk und HipHop aus den 1990er-Jahren. In der Favela gab es rivalisierende Gangs, die sich nicht riechen konnten. Am Sonntag standen auch die Obermacker aus diesen Gruppen auf der Tanzfläche, oft mit der Pistole in der erhobenen Hand und fetten Goldketten um den Hals. Die Frauen trugen die kürzesten Röcke und die knappsten Tops, bei der kleinsten Bewegung konnten ihre Brüste herausspringen. Wenn sie in die Hocke gingen, sah man ihre Tangas blitzen. So viel Sex hat selten in der Luft gelegen wie auf dieser Tanzfläche in der Favela Vidigal.

Wenn mich einer von den Mackern blöd anquatschte, was gelegentlich vorkam, gab ich ein Bier aus, basta. Richtigen Ärger hatte ich nie in Rio, nur einmal wurde ich an der Arcos da Lapa, einer bekannten Brücke in Botafogo beklaut. Jemand riss mir eine silberne Kette vom Hals, die mir viel bedeutete. Als ich dem Dieb hinterherrennen wollte, hielten mich mehrere Cariocas auf – es lohne sich nicht, deshalb meine Gesundheit zu riskieren, meinten sie.

Der Karneval, der mich ursprünglich nach Rio gelockt hatte, zog im Februar 2012 beinahe unbeachtet an mir vorüber. Das Leben in Vidigal war spannender und aufregender als der Karneval von Rio.

Damals war Vidigal ein Armenviertel, inzwischen ist eine Szene-Favela daraus geworden. Nach der WM kaufte sich auch der englische Fußballstar David Beckham ein Haus in Strandnähe. Wegen seiner besonderen Lage auf dem Berghang und seiner Nähe zum Atlantischen Ozean gehört Vidigal heute zu den begehrteren Gegenden in Rio und hat das Interesse von Grundstücksspekulanten geweckt. Auch Miguel konnte diese Entwicklung nicht verhindern, obwohl er damals so sicher war, dass er Vidigal gegen die Polizei und Einflüsse von außen verteidigen könnte.

Beinahe wäre ich in Rio de Janeiro geblieben. Als ich in Vidigal lebte, kam ich in Kontakt mit einer älteren Frau, die ein Hostel in der Nähe von Ipanema führte. Wir verstanden uns gut, und sie suchte jemanden, der ihr Hostel übernehmen könnte. Da überlegte ich lange hin und her. Ein eigenes Hostel in Botafogo wäre ein Traum gewesen, aber mir fehlten einfach die Mittel, um ihn umzusetzen. Ich war ständig klamm und sah keine Möglichkeit, auf legalem Weg an das nötige Geld zu kommen. Ein Freund von mir hatte sich in Österreich um einen Job für mich gekümmert, deshalb beschloss ich, nach Deutschland zurückzufliegen, obwohl mir bei diesem Gedanken schwer ums Herz wurde.

Aber für mich stand fest, wenn ich auswandern sollte, dann nach Brasilien. Am letzten Abend in Rio ging ich noch einmal an den Strand und applaudierte der untergehenden Sonne. Wenn ich heute zurückdenke, weiß ich: Rio, das war Leben, das man in jeder Faser spüren konnte. Rio war gefühlsecht, auch wenn es riskant wurde. Rio war nie lauwarm, immer extrem, entweder kalt oder heiß, und immer mit ganz viel Gefühl. Ich habe dort gelebt, geliebt, gevögelt, gekokst und gesoffen, und Cristo Redentor schaute zu mir herüber, mit gnädigem Blick. Wenn ich an Rio denke, dann könnte ich sofort anfangen zu applaudieren: der schönsten Stadt der Welt und ihren Cariocas.

DAS ROADMOVIE

PER ANHALTER NACH AFRIKA

Im März 2012 verließ ich Brasilien – von Salvador de Bahia flog ich nach Frankfurt am Main. Bei meinen Eltern in Cunnersdorf blieb ich nur wenige Tage. Je länger ich von zu Hause weg war, umso offensichtlicher wurden die Unterschiede, die zwischen uns lagen. Wenigstens akzeptierten sie den Grund, warum ich mich schon bald wieder verabschiedete: Ich war so gut wie pleite und hatte mich verpflichtet vom 1. April 2012 bis zum 1. April 2013 beim Stanglwirt in Going am Wilden Kaiser in Tirol zu arbeiten. In dieser Zeit erlebte ich den kuriosen Aufstieg von der Küchenhilfe zum Promi-Koch, der für die deutsche Fußball-Nationalmannschaft, die Klitschko-Brüder und für Arnold Schwarzenegger kochte – davon erzähle ich später mehr.

Dieses Jahr in der Küche sollte mir weitere Reisen ermöglichen, für mich war klar, dass ich weiter um die Welt ziehen wollte. Sesshaft zu werden, eine Familie zu gründen und einer geregelten Arbeit nachzugehen, das war noch nichts für mich.

Nach dem Job in Tirol besuchte ich ein zweites Mal La Tomatina in Buñol, das heitere Tomatenmassaker. Zuvor hatte ich am berühmten Stierlauf in Pamplona teilgenommen, wo ich meinte, mich mit viel zu viel Alkohol im Blut mit einem Bullen messen zu müssen. Bloß weil ein paar Spanier mich aufgefordert hatten, ich solle mich »wie ein Mann verhalten«, riskierte ich wieder einmal mein Leben. Aber der Deal mit meinen vielen Schutzengeln hatte noch Bestand, und so lange konnte mir auch nichts passieren – daran glaubte ich zumindest.

Nach einigen Städtetrips quer durch Europa beschloss ich, per Anhalter Afrika zu durchqueren und bis nach Kapstadt zu trampen. Im Juni 2013 machte ich mich auf den Weg nach Südafrika. Es wäre einfach gewesen einen Billigflug nach Ägypten zu buchen, aber das schien mir reizlos, ich wollte die Länder und Menschen kennenlernen auf dem Weg nach Afrika. Als ich zu Hause von meinem neuesten Plan erzählte, ahnte ich schon vorher, was passieren würden.

»Hast du das Leben jetzt völlig satt?«, reagierten meine Eltern eingeschnappt und ohne jedes Verständnis.

Damit hatte ich gerechnet, aber dass auch mein gesamter Freundeskreis mich behandelte, als wäre ich jetzt hoffnungslos übergeschnappt, das hatte ich nicht erwartet. Die Kamenzer waren schon einiges von mir gewohnt, aber das konnten sie nun überhaupt nicht verstehen: Nach Südafrika zu trampen, das war für sie wie ein öffentlich angekündigter Selbstmord.

Afrika an sich – und nicht der Weg dorthin – bedeutete für mich ein besonderes Abenteuer und auch eine Überwindung. Diesen Kontinent hatte ich bislang immer gemieden. Backpacker schätzten Asien und Südamerika, von Afrika berichteten sie nicht viel Gutes. Aber ich wusste inzwischen auch, dass Backpacker Herdentiere und oft auf denselben Strecken unterwegs sind. Was abseits der eingetretenen Route liegt, wird vernachlässigt. Das bedeutete aber auch, dass viele Erlebnisse und Erzählungen sich ähnelten, es war wie die Folie einer Geschichte, die immer wieder vervielfältigt wurde. Ich hatte genug von den Kopien und von den Informationen aus zweiter Hand. Ich war neugierig, ich wollte Gegenden erkunden, um die andere einen Bogen gemacht hatten. Wenn man die Komfortzone verließ, das wusste ich inzwischen, wurde man dafür auch belohnt.

Ich schlug die Balkanroute ein, die mich über Kroatien, Montenegro, Albanien und den Kosovo in die Türkei bringen sollte. Es gelang mir tatsächlich, die ganze Distanz per Anhalter zurückzulegen, oft waren es Lastwagenfahrer, die mich mitnahmen. Manchmal schlief ich auf Rastplätzen, meist organisierte ich mir einen Schlafplatz als Couchsurfer. Eine Zeit lang schloss ich mich einem Tramper an, der ohne Geld reiste und immer nach einer Mahlzeit fragte. Anders als in Asien wurde man in den Balkanländern zunächst komisch angeschaut, wenn man nach Essen fragte. Es funktionierte trotzdem fast immer, allerdings musste ich über meinen Schatten springen, da ich mir wie ein Bettler vorkam. Es half mir, dass ich mich immer wieder in Notleidende hineinversetzte, die zum Betteln gezwungen waren. Davon hatte ich auf meinen Reisen ja genügend getroffen und auch mit ihnen zusammengelebt.

Überrascht war ich von Ländern wie Montenegro, die in Deutschland kaum jemand im Blick hatte. Die meisten Deutschen fuhren nur bis nach Kroatien, was dahinter kam, galt als uninteressantes und unberechenbares Hinterland. Dabei ließ es sich in Budva, einer Stadt, die direkt am Wasser auf einer Halbinsel liegt, blendend leben. Ständig begegnete ich hübschen Russinnen, die einem Flirt nicht abgeneigt waren. Das Essen und die Zimmer waren günstig, und in der Bucht von Kotor konnte man Kajak fahren oder eine Wildwasser-Rafting-Tour unternehmen.

Auch die Türkei war ganz anders, als ich sie mir vorgestellt hatte. In Deutschland waren viele Türken noch immer in der Gastarbeiterrolle gefangen, in die sie gesteckt worden waren. Ich erlebte die Menschen in der Türkei viel zugänglicher, offener und auch selbstbewusster, als ich das von zu Hause kannte. Häufig wurde ich zum Kaffee eingeladen, auch ein Platz zum Übernachten wurde mir ganz selbstverständlich angeboten. Und ich wurde mit kleinen und großen Geschenken überhäuft. Die musste ich leider oft ablehnen, denn was sollte ich einen massiven Teppich beim Trampen mit mir herumschleppen? Die Menschen in der Türkei erschienen mir beinahe zu großzügig. Dass ich es so empfand, sagte vermutlich mehr über mich und unsere Kultur aus als umgekehrt – zu viel Freundlichkeit und Großzügigkeit erscheint uns Deutschen schnell verdächtig.

Die Reise durch die Türkei entwickelte sich immer mehr zu einem Roadmovie. Wenn ich mich an die Straße stellte, hatte ich kein festes Ziel im Blick, nur eine grobe Richtung. Es war mir Ziel genug, auf der Straße unterwegs zu sein. Wenn mich jemand fragte, wo ich hinwolle, antwortete ich lässig: »Nach Südafrika!«
Als ich über die anatolischen Hochebenen nach Kappadokien kam, standen am Straßenrand immer wieder aufgegebene Tank-

stellen mit Gerippen von Zapfsäulen. Der Wind heulte, es wirkte wie eine Kulisse, die für einen Abenteuerfilm aufgebaut und vergessen worden war.

Kappadokien war eine Zauberwelt, aus Tuffstein geformt. Was aussah, als ob eine exzentrische Künstlerkolonie im Gestaltungsrausch ihre Fantasien in Stein gehauen hätte, war in Wirklichkeit ein Kunstwerk der Natur. Die beiden Vulkane Erciyes und Hasan hatten das ganze Gebiet mit ausströmendem Tuff bedeckt. Durch Regen, Wind und Erosion waren Täler entstanden, die an Miniaturausgaben des Grand Canyons erinnerten. Überall ragten Bergkegel empor. Fantastische Figuren traten aus der Landschaft, Fabelwesen. Dort sah ich eine Faust neben einem Halbstarken, der sich in Pose warf, hier einen Pilzkopf zwischen den Feenkaminen – so hießen die Tuffgebilde, die wie Spargelstangen gesprossen waren. Es waren Formen darunter, für die man noch hätte Namen erfinden müssen.

In den weichen Tuff waren unzählige Höhlen geschlagen worden, für das Vieh und als Vorratskammer. Inzwischen waren einige Höhlen zu Hotels umgestaltet worden, und als ich mir in einem dieser Höhlenhotels ein Zimmer nahm, traf ich eine junge Türkin, die einen Wüstenmarathon gelaufen war. Als ich ihr ein kleines privates Work-out vorschlug, reagierte sie amüsiert und ließ sich prompt darauf ein ...

In Anatolien musste ich meinen ursprünglichen Reiseplan ändern. Ich wollte den Landweg nach Syrien nehmen, der war aber wegen des Kriegs geschlossen. Ich wählte Griechenland als nächste Station, und von Athen flog ich nach Tel Aviv, wo ich – wie immer in autoritären Staaten – einmal mehr vom Zoll herausgewinkt und gepiesackt wurde. Ich hatte mich als Couchsurfer im arabischen Viertel in Tel Aviv eingemietet, und das machte die Zöllner misstrauisch. Warum man mich immer wieder für einen Terroristen oder Drogendealer hielt, mochte mir nicht so richtig einleuchten. Ich hatte nichts verbrochen, die Zöllner konnten mir auch keine Vergehen nachweisen, und so durfte ich einreisen.

Omar war mein Gastgeber, ein waschechter Israeli und Berufssoldat, der im arabischen Viertel von Tel Aviv lebte, weil das Leben dort günstiger war als in anderen Ecken der Stadt. Überall wurden an den Ständen frisches Gemüse, Obst und Gewürze angeboten, die angenehm in die Nase stiegen und meinen Appetit anregten. Omar imponierte mir, er war regelmäßig auf Reisen und ziemlich weltoffen und tolerant. Er sah die Araber nicht als seine Feinde an, obwohl überall in seiner Straße Transparente hingen, auf denen den Israelis Tod und Verderben gewünscht wurde.

Omar wusste, dass Leben und Tod in Israel nah beieinanderliegen. Als Soldat war er schon öfter beschossen worden, und er hatte zurückgeschossen und auch getötet. Aber er weigerte sich, in Klischees zu denken, er versuchte das Gute in jedem Menschen zu sehen.

Im arabischen Viertel patrouillierten ständig Einheiten der Armee, und unter den Soldaten waren auch einige Frauen. Die sahen ziemlich scharf aus in ihren Uniformen, wie ich fand, aber ich traute mich nicht, eine anzubaggern. In Uruguay hatte ich eine Nacht mit einer Israelin im Hostel verbracht, und die Erinnerung daran tröstete mich darüber hinweg, dass ich in Israel nicht zum Zug kam.

Als ich Omar erzählte, dass ich gern nach Palästina fahren würde, fing es an, in ihm zu arbeiten. Nach einer Weile sagte er: »Wir können nach Palästina gehen, aber nur auf die israelische Art.«

Was das bedeutete, wurde mir klar, als ich mit Omar oben auf einem Panzer saß und wir auf palästinensisches Gebiet rollten. Es war ein beklemmendes Gefühl für mich zu sehen, wie die Palästinenser hinter einer Riesenmauer eingesperrt und isoliert waren. So zu leben hätte ich nicht lange ausgehalten. Die Stimmung war äußerst angespannt auf unserem kurzen Trip, ich war froh, als der Panzerfahrer den Rückweg nach Tel Aviv einschlug.

Ich wollte weiter nach Jordanien und entschloss mich, wieder zu trampen. Als Anhalter zu reisen gehörte in Jordanien allerdings nicht zum Alltag. Die jordanischen Kraftfahrer konnten nicht verstehen, dass das Trampen kostenlos sein sollte – ich musste immer einen Teil des Benzingeldes bezahlen, bevor sie mich meines Weges ziehen ließen.

Im Bergland von Edom besuchte ich die verlassene Felsenstadt Petra, die zu den Weltwundern zählte. Ich fühlte mich in Petra ein wenig wie Indiana Jones oder wie ein verwegener Forscher und Abenteurer, als ich die verwinkelten Höhlen erkundete. Mit der Kultur in den arabischen Ländern konnte ich mich gut anfreunden, ich saß gern in einem der vielen Teehäuser und beobachtete das Treiben auf den Märkten und Straßen. Nur mit den Frauen lief es schleppend, die waren alle verschleiert und schienen für einen Backpacker wie mich unerreichbar zu sein.

AFRIKA: DER GEMIEDENE KONTINENT

Von Jordanien reiste ich weiter nach Ägypten. Da gab es wie in allen arabischen Ländern Ärger mit dem Stempel, den ein israelischer Zöllner mir in den nagelneuen Pass geknallt hatte. Eigentlich hatte ich mir den Stempel auf einem Extrablatt geben lassen wollen, aber der Zöllner war eine Handbewegung schneller als ich. Das bisschen Tinte kostete mich nun einiges an Bestechungsgeldern. Immer wieder bekam ich in arabischen Ländern bei der Einreise zu hören: »Mein Freund, warum musst du auch nach Israel, was machst du nur bei den Juden? Das kommt dich teuer zu stehen.«

Darum an dieser Stelle ein Rat, der viel Ärger ersparen kann: Lasst euch nie einen israelischen Stempel in den Reisepass geben, wenn ihr noch in arabische Länder reisen wollt. Lasst ihn euch auf ein Extrablatt geben, das ihr verschwinden lassen könnt.

Die Hotels in Ägypten waren nach einigen Terroranschlägen gespenstisch leer, die Restaurants versuchten sich die wenigen

Gäste gegenseitig wegzuschnappen. Vor den Restaurants lauerten Touristenfänger, die hartnäckiger waren als die Koberer vom Hamburger Kiez, die im Rotlichtviertel die Passanten zum Besuch ihrer Etablissements drängten. Was ich in Kairo zu spüren bekam, war vom Gastro-Kidnapping nicht mehr weit entfernt, man wurde beinahe mit Gewalt zum Besuch eines Restaurants genötigt. Und als ich die Pyramiden von Luxor besuchen wollte, erlebte ich den denselben dreisten Nepp – auf die wenigen Touristen stürzten sich etliche Einheimische, die ihre Geschäfte machen wollten. Einmal bat ich einen der Händler, ein Foto von mir zu machen, mit meiner Kamera. Die wollte er mir nur gegen eine »kleine Prämie« wieder zurückgeben. Das ging mir gehörig auf die Nerven!

Mit dem Bus verließ ich Ägypten, um auf dem Landweg in den Nordsudan zu gelangen und von da aus weiter in den Südsudan, der sich erst im Juli 2011 für unabhängig erklärt hatte. Das war das jüngste Land der Welt, das ich kennenlernen wollte. Aber von der Grenze zwischen den beiden Ländern wurden starke Gefechte gemeldet, und ich musste einsehen, dass es da kein Durchkommen gab. Zurück in Kairo buchte ich daher einen Flug nach Nairobi in Kenia. Damit hatte sich auch mein ursprünglicher Plan, quer durch Afrika nach Kapstadt zu trampen, zerschlagen. In tiefe Trauer konnte mich das nicht stürzen, da war ich sehr pragmatisch veranlagt. Wenn etwas nicht funktionierte wie gedacht, musste halt eine andere Lösung her.

Nairobi, die Hauptstadt Kenias mit über drei Millionen Einwohnern, war am Limit. Manche mochten die Stadt als lebendig und bunt empfinden, für mich war es ein einziges Chaos, das durch die Polizei noch verschärft wurde. Überall standen korrupte Bullen, die Busse, Lastwagen und Autos anhielten und dafür abkassierten, dass die Fahrt weitergehen konnte. Auch ich wurde in einem Bus kontrolliert und erst wieder in Ruhe gelassen, nachdem ich eine »Transitgebühr« bezahlt hatte.

In Nairobi ließ ich mich mit einer hübschen Kenianerin ein, die auch dann noch anhänglich war, als wir das Schlafzimmer wieder verlassen hatten. Sie wollte, wie viele junge Kenianerinnen, unbedingt nach Deutschland, um dort ein besseres Leben zu führen. Aber ich konnte sie unmöglich mitnehmen, es hätte uns beide ins Unglück gestürzt. Ich bestand darauf, dass sie wenigstens Geld von mir annahm, sie lehnte zunächst ab, willigte dann aber ein. In Kenia boomte der Sextourismus, ich sah viele ältere englische Ladys mit ihren jungen schwarzen Liebhabern. Eine erzählte mir, dass die englischen Männer zu Hause nur soffen und es dann im Bett nicht mehr brachten. Wie wirkt denn das, Sportsfreunde von der Insel, immer an der Flasche und die frustrierten Frauen lassen sich in Afrika beglücken?

In Nairobi schloss ich mich spontan einer dreitägigen Expedition zum Kilimandscharo an, dem höchsten Berg Afrikas. Wir waren zu sechst und übernachteten in Zelten. Während des Aufstiegs war es tagsüber unerträglich heiß, dann in der Höhe wurde es unangenehm kalt. Um vier Uhr morgens brachen wir auf zur letzten Etappe, wir kamen zum Gipfel und beobachteten, wie die Sonne langsam aufging und die Ebene ausleuchtete. Von der Spitze des Kilimandscharo blickte man ins weite Nichts einer endlos scheinenden Steppe. Ein merkwürdiger, aber auch erhabener Anblick, den ich so nur mit Afrika verbinde. Wenn man den Kilimandscharo von unten betrachtete, verstand man sofort, warum die Massai ihn *Ngàje Ngài*, das Haus Gottes, nannten. Dieser Platz war nicht für irdische Wesen bestimmt.

In Tansania besuchte ich Daressalam, die größte Stadt des Landes, die am Indischen Ozean lag. Mit der Fähre setzte ich nach Sansibar über, die Fahrt dauerte über drei Stunden. Die Insel Sansibar war einer der Plätze in Afrika, wo ich mich auf Anhieb aufgehoben fühlte. Ich wanderte zum *Zanzibar Rock Resort*, das auf einem Korallenfelsen im Indischen Ozean liegt und das man bei Ebbe zu Fuß erreichen kann. Auf Sansibar ging ich jeden Tag schwimmen, manchmal wurde ich dabei von Delfinen begleitet, die so zutraulich waren, dass sie mich in ihre Mitte nahmen. Eine Woche blieb ich dort, es war wie Urlaub für mich vom mühsamen Trampen und Backpacking durch Afrika.

IM DEVIL'S POOL

Wie schon in Tansania waren auch auf Sansibar fünfzig Dollar für das Visum fällig, kein Wunder, dass kaum Backpacker in Afrika von Land zu Land zogen. Vom Trampen nach Sambia wurde mir abgeraten, es seien kaum Autofahrer auf den Straßen unterwegs, und die wenigen, die vorbeikamen, forderten immer zuerst Spritgeld, bevor sie die Türen öffneten. Ehrlich gesagt, war es mir inzwischen egal, ob ich an der Straße stand oder mit dem Zug vorankam. Also fuhr ich mit dem Zug nach Sambia, die Fahrt sollte drei Tage dauern. Aber drei Tage in der zweiten Klasse, die den zweifelhaften Komfort von nackten Holzbänken bot? Für fünf Dollar Aufpreis mietete ich mich in der ersten Klasse ein, zu der auch ein Schlafabteil gehörte. Der Zug hatte gleich acht Stunden Verspätung, aber in Afrika störte sich niemand daran. »Hakuna Matata«, sagten die Einheimischen und zuckten mit den Schultern: Alles kein Problem.

Als ich auf den Zug wartete, kam ich in Kontakt mit einem jungen norwegischen Paar. Wie sich herausstellte, waren wir die einzigen Gäste in der ersten Klasse. Wir schauten den ganzen Tag aus dem Fenster und spielten Karten. Die Landschaft war atemberaubend schön und erstaunlich grün. Wenn sie Bier im Ausschank hatten, wussten die Kellner, wo sie es hinzubringen hatten, aber meist ging der Vorrat schnell zu Ende. Der Zug hielt immer wieder auf offener Strecke, Passagiere stiegen ein und aus, manchmal blockierten sie die Gleise: Die Angestellten im Zug forderten auch von den einheimischen Passagieren ein Entgelt für die Gepäckverwahrung. Die waren aber meist bitterarm und setzten sich so lange auf die Gleise, bis ihnen das Gepäck ohne Bezahlung ausgeliefert wurde. Wir saßen in der ersten Klasse, schauten zu und warteten.

5 Tage im Zug. Aber die Landschaft war atemberaubend.

An der Grenze zu Sambia kamen Zollbeamte in unser Abteil, wieder einmal waren fünfzig Dollar fällig. Ich hatte nur einen Hundert-Dollar-Schein, den der Zoll nicht akzeptierte, da er 2006 gedruckt worden war, aber nur jüngere Scheine angenommen wurden. Woher hätte ich das wissen sollen? Ich ging durch den ganzen Zug, um den Schein wechseln zu lassen, aber die meisten sahen mich ungläubig an: So einen großen Schein hatten sie noch nie gesehen. Im hintersten Abteil entdeckte ich schließlich eine australische Familie, die meine hundert Dollar wechseln konnte – das war meine Rettung in letzter Minute. Ich hätte sonst vermutlich auf offener Strecke aussteigen müssen.

Nachdem wir fünf Tage unterwegs gewesen waren, begannen wir in der ersten Klasse zu feiern und ein paar Bierchen auf unsere baldige Ankunft zu trinken. Zur Feier des Tages schoben wir noch einen flotten Dreier, das norwegische Paar hatte auf dieser verrückten Fahrt anscheinend alle moralischen Bedenken verloren. Dann erreichten wir Kabwe, die Hauptstadt Sambias, die so hochgradig mit Blei verseucht war, dass sie zu den gefährlichsten Orten der Welt zählt. Nicht gerade das, was wir uns als Erholungskulisse vorstellten. Die Norweger und ich teilten uns ein Taxi nach Livingstone. Nach weiteren fünf Stunden im Sitzen brauchte mein Hintern dringend eine Massage.

Auf meiner Bucket List stand auch der *Devil's Pool* in Livingstone an den Viktoriafällen. Der Teufels-Pool, ein kleines Becken aus Naturstein, ist nur wenige Meter breit – direkt hinter seiner Kante rauscht allerdings das Wasser über hundert Meter in die Tiefe. Als ich ankam, war der Zugang zum Pool gesperrt und das Baden streng verboten, weil die Viktoriafälle viel Wasser führten, das einen in die Tiefe reißen konnte. Gefahrloses Baden im *Devil's Pool* war offenbar nur während der Trockenzeit zwischen September und Dezember möglich.

Ich konnte jedoch nicht auf Niedrigwasser warten, so viel Zeit hatte ich nicht. Wenn ich schon einmal da war, musste ich auch in den Pool. Ich schlich mich an die Wasserfälle, und in einem ruhigen und unbeobachteten Augenblick sprang ich ins Wasser und schwamm hinüber zum Pool. Auf dem Weg dorthin waren schon diverse Abenteurer ums Leben gekommen – wenn einen die Strömung davontrug, musste man ruhig bleiben und mit gezielten Bewegungen zum Becken gegensteuern. Wenn man panisch wurde, hatte man schon verloren, dann riss die Strömung einen nach unten. Wie ein kleiner König lag ich im Pool und genoss meinen unerlaubten Besuch dort. Ich lag direkt am Beckenrand, paddelte gegen die Strömung an und beobachtete, wie das Wasser in den Abgrund stürzte. Schade, dass keine Frau im *Devil's Pool* saß. Da eine Nummer zu schieben, das wäre die Krönung gewesen.

Die Viktoriafälle

In Afrika suchte ich öfter als sonst nach riskanten Abenteuern, auch weil mir die üblichen Vergnügungen unter Backpackern fehlten. Es gibt ein Foto von mir, das mich mit einem Löwenbaby zeigt, es sieht aus, als ob ich ein großer Wildkatzen-Dompteur wäre, so ergeben liegt das Löwenjunge mir zu Füßen. Aufgenommen wurde es in einem Nationalpark in Sambia – man konnte solche Fotos nur machen, wenn die Tiere gefressen hatten und satt waren, sonst wäre es zu gefährlich gewesen. Aber ein gewisses Risiko bleibt natürlich immer. Deshalb, das erzählten mir die Guides, müsse man einen großen Stock in der Hand halten und dem Löwen signalisieren: Ich bin der Stärkere.

In Sambia bestand ich zudem eine kulinarische Mutprobe. Ich ließ mir Infinkubala servieren, gebratene Riesenwürmer und Larven, die wie Kartoffelkäfer aussahen und mit Zwiebeln und reichlich schwarzem Pfeffer serviert wurden. In Sambia gibt es große Farmen, wo die Würmer und Larven wegen ih-

Lecker Infinkubala!

res hohen Eiweißgehalts gezüchtet werden. Frauen zupfen sie kübelweise von den Blättern. Das Infinkubala schmeckte angenehm nussig, aber vermutlich bringen es nicht viele Europäer über sich, die Würmer und Larven in den Mund zu nehmen.

Mit aufgefülltem Eiweißspeicher steuerte ich Malawi an, das an Sambia und Mosambik grenzt und eines der wenigen Länder in Afrika ist, in dem man Backpackern begegnet. Malawi ist eines jener bitterarmen Länder, die Rucksackreisende magnetisch anziehen, weil man dort für wenig Geld viel geboten bekommt. In Monkey Bay, Senga Bay und Nkhata Bay traf ich endlich wieder auf andere Backpacker. Schnell fand ich zurück zu unseren geliebten Ritualen, wir tranken billiges Bier und nahmen Drogen, deren Namen ich noch nicht einmal kannte. Eine war eine Pflanze, die man lange kauen musste, bis man ein Gefühl der Entspannung spürte. Ich sah fantastische Sonnenuntergänge im Breitbildformat, der ganze Horizont schien blutig rot zu glühen.

Trotz der Armut ist Malawi ein sicheres Reiseland. Die politischen Verhältnisse sind stabil, und für afrikanische Verhältnisse ist das Land ziemlich fortschrittlich eingestellt – seit 2012 ist Homosexualität offiziell nicht mehr strafbar. Eilig durfte man es allerdings nicht haben, wenn man in Malawi unterwegs war. Ein gewisses Improvisationstalent galt dort als selbstverständlich. Oft blieb ein Bus liegen, weil der allerletzte Tropfen Benzin verbraucht war. Auch wenn man schon vorab für die Fahrt bezahlt hatte, ging der Fahrer im Bus umher und sammelte so viel Geld ein, bis er tanken und weiterfahren konnte.

SÜDAFRIKA: BEGEGNUNG MIT DEM WEISSEN HAI

Über Simbabwe erreichte ich Johannesburg in Südafrika. Ich hatte Glück gehabt, eine Deutsche nahm mich beim Trampen mit. Sie war über sechzig und arbeitete in Simbabwe als Lehrerin. Während der Fahrt bemerkte ich, dass sie sich immer mal wieder eine Spritze setzte, und ich fragte neugierig nach. Sie hatte sich in den 1980er-Jahren in Brasilien mit Malaria infiziert und brauchte inzwischen mehrmals am Tag ein Gegenmittel. Da erst fiel mir zum ersten Mal auf, wie leichtsinnig ich unterwegs war. Obwohl ich ständig Länder bereiste, in denen die Gefahr besonders groß war, sich mit Malaria zu infizieren, hatte ich mich nie entsprechend geschützt. Ich hatte mich nicht impfen lassen, und ich hatte noch nie eine Malaria-Tablette geschluckt.

Johannesburg löste zunächst ein Gefühl der Beklemmung bei mir aus. Ich wollte vier Südafrikaner besuchen, die ich in Buenos Aires kennengelernt und mich mit ihnen angefreundet hatte. Wenn meine Freunde im Auto Platz nahmen, verriegelten sie sofort von innen die Türen. Sie hatten Angst, auf offener Straße ausgeraubt zu werden. Ständig wurde ich davor gewarnt, als Weißer die sicheren Bezirke zu verlassen. Trotzdem bewegte ich mich in Johannesburg, wie ich wollte. Ich benutzte nie die öffentlichen Verkehrsmittel, sondern bestieg die Sammeltaxis für fünfzig Cent pro Fahrt, und die Schwarzen klatschten mich öfter respektvoll ab: So etwas hätte sich normalerweise kein Weißer getraut.

Mulmig wurde mir, als mir auf einem Schwarzmarkt in Johannesburg eine Knarre an die Schläfe gehalten wurde. Ich wohnte in einem Hostel, einem anderen Deutschen war der Laptop geklaut worden, und er bekam den Tipp, auf dem Schwarzmarkt nachzuschauen, wo das Diebesgut oft wieder auftauchte. Ich bot an, ihn zu begleiten, es ging in ein Viertel, in dem keine Weißen lebten und verkehrten.

Tatsächlich entdeckten wir den Laptop auf dem Markt. Doch anstatt den geforderten Preis zu akzeptieren, verlangte mein Kumpel das Gerät zurück und begann dem Verkäufer zu drohen. Es dauerte keine Minute, da lagen wir beide auf dem Boden, mit Pistolen an unseren Schläfen. Es gelang mir nur mühsam, die Hehler davon zu überzeugen, dass wir keinen Ärger machen wollten.

Trotz dieser Erfahrung fand ich die Warnungen meiner weißen Freunde übertrieben. Ich hatte den Eindruck, dass viele Weiße sich in Südafrika ihr eigenes Gefängnis errichtet hatten, in dem sie sich, hinter hohen Stacheldrahtzäunen und von Überwachungskameras bewacht, verbarrikadieren. Ein solches Leben hätte ich mir nicht vorstellen können. Frei zu sein, das sah anders aus.

Das Hostel mit dem etwas sonderbaren Namen Away with the Fairies lag in der Hogsback Region im Landesinneren und genoss einen besonderen Ruf unter Backpackern. Zum Hostel gehörte eine Badewanne aus Emaille, die in einen mächtigen Granitblock eingelassen worden war. Darin fanden zwei Personen Platz, das Wasser konnte beheizt werden. Die Wanne lag hoch oben auf einem Bergplateau, und es wirkte so, als ob man von dort ganz Afrika überblicken könnte. Der Pool war von einem Märchenwald eingerahmt, der eine Menge an Geräuschen erzeugte – man hörte Frösche quaken, aber auch Laute, die sich nicht spontan erklären ließen und von Wesen aus einer anderen Welt zu stammen schienen.

In diesem Pool schloss ich meinen Frieden mit Afrika, zumindest mit Südafrika. Ich fühlte ich mich frei wie sonst selten auf dem Kontinent. An diesem besonderen Platz musste ich natürlich auch ein Arschfoto schießen: Mit ausgebreiteten Armen stand ich in der Badewanne und blickte auf den Urwald, der unter und vor mir lag. Auf dem Bild sieht es aus, als ob ich diesen fantastischen Ort umarmen wollte.

Ich hatte mir vorgenommen, Afrika als Anhalter zu durchqueren, was aber wegen der politischen Lage unmöglich gewesen war. Oft war ich genervt, weil Afrika ein anstrengender Kontinent für einen Backpacker ist. Ich wurde ausgenommen, bezahlte hohe Visumgebühren und Schmiergelder an bestechliche Beamte. Aber als ich in Südafrika von Johannesburg in Richtung Kapstadt fuhr, begegnete ich überall hilfsbereiten Schwarzen. Einige erinnerten mich daran, dass wir mehr lächeln sollten. Was viele schwarze Afrikaner nicht verstehen, wenn sie uns Weiße beobachten, sind unsere ernsten Gesichtszüge und unsere ständige Gehetztheit. In ihren Augen besitzen wir alles, was nötig ist für ein gutes Leben, und wir könnten uns eigentlich entspannen. Wie recht sie doch haben, dachte ich. Wir Weiße machen uns unseren Wohlstand viel zu selten bewusst.

Auf dem Weg nach Kapstadt sprang ich in Plettenberg Bay von der Bloukrans Bridge, die mit 216 Metern damals einen der weltweit höchsten Bungee Jumps bot – eine Pflichtübung für die Guten unter den Backpackern. Anders als bei meinen ersten

Sprüngen spürte ich keine Angst mehr, ich genoss den Sprung in die Tiefe.

In Kapstadt hatte ich nach Australien zudem meine zweite Begegnung mit einem weißen Hai. Bei meiner ersten Begegnung in Australien war ich noch geschockt gewesen, jetzt suchte ich den Nervenkitzel ganz bewusst. Die Touren vor Kapstadt waren berühmt, es hieß, dass man einem weißen Hai nirgendwo näher kommen könnte. Mit dem Boot fuhren wir ein Stück auf das Meer hinaus, ich trug einen Taucheranzug und kauerte in einem Käfig, der am Boot befestigt war und langsam ins Wasser abgelassen wurde. Mit großen Stücken blutigen Rindfleischs wurden die Haie zum Käfig gelockt, und es dauerte nicht lange, bis drei, dann vier herankamen und sich auf das Fleisch stürzen wollten. Ich konnte den Haien tief in den Rachen schauen, und auch wenn ich durch die Gitterstäbe gesichert war, spürte ich doch Panik aufsteigen. Beim Anblick von einem weißen Hai bleibt kaum einer gelassen, bei vier weißen Haien niemand mehr. Die Tiere gerieten in einen regelrechten Blutrausch und versuchen mit aller Macht, durch das Gitter zu kommen. Nach einer halben Stunde hatte ich nichts dagegen, dass ich wieder hochgezogen und aus dem Käfig befreit wurde. Es war kein gutes Gefühl gewesen, dass die Haie mich schon fest als ihr Futter eingeplant hatten.

Meinen letzten Abend in Kapstadt verbrachte ich auf dem Dach eines Wolkenkratzers. Die Terrasse dort gehörte zu unserem Hostel. Ich trank Wein aus dem nahe gelegenen Stellenbosch, genoss die wunderbare Aussicht auf die Häuser der Stadt und legte eine junge Dame aus Simbabwe in einem Mehrbettzimmer flach. Alles war wie in den guten alten Zeiten. Es war nicht einfach

185

gewesen, aber ich hatte Afrika bezwungen. Als ich frühmorgens von Kapstadt nach Frankfurt flog, ging über dem Tafelberg gerade die Sonne auf, und ich wusste, dass ich irgendwann noch einmal zurückkommen würde.

**Auf dem Tafelberg
mit Blick auf Kapstadt**

ADRENALIN

TATTOOS, DIE BILDER MEINER REISEN

Mein Körper ist ein Bilderbuch, das von all den Jahren erzählt, die ich unterwegs war auf allen Kontinenten. Er ist inzwischen von oben bis unten volltätowiert, die Motive sind Verweise auf Situationen und Stationen der Reisen, die zumeist bewusst ausgewählt habe und bei klarem Verstand. Aber es sind auch welche dabei, bei denen ich nicht mehr weiß, wie und warum sie auf meine Haut gekommen sind. Egal, sie gehören alle zu mir und bebildern meine lange Reise, ich möchte keines meiner Tattoos missen.

Tätowiert zu werden hat sich zu einer Sucht entwickelt, der ich immer wieder nachgeben musste. Wenn mir ein Tattoo wichtig war, habe ich dafür auf viele Annehmlichkeiten verzichtet. Einige haben eine ganz besondere Geschichte und Bedeutung: *In sha' Allah* – so Gott will – ist ein Verweis darauf, dass ich in arabischen Ländern fast immer gastfreundlich behandelt wurde. Ich trage es auch als Respekt vor anderen Religionen und Lebenseinstellungen und als Zeichen dafür, dass ich keine Form von Extremismus akzeptiere, nichts, was die Vielfalt auf diesem Planten einschränkt.

Eine Tätowierung, die mir immer die Richtung weisen soll, stach mir ein thailändischer Mönch in einem Tempel zwei Stunden von Bangkok entfernt. Es ist ein Kompass auf meinem Nacken. Es dauerte, bis ich den Wat-Bang-Phra-Tempel in einem der wenigen dort fahrenden Regionalbusse erreicht hatte, eine Taxifahrt hätte mich ein kleines Vermögen gekostet. Einer der Mönche sprach ein paar Brocken Englisch.

»Komm«, sagte er und winkte mich ins Tempelinnere herein.

Dort hatte ein riesiger und beleibter Mönch, komplett tätowiert, das Kommando. Die Arbeit ging bei ihm ohne große Worte von der Hand, genau genommen kann ich mich nicht daran erinnern, dass er überhaupt den Mund aufbekam. Vor ihm knieten beinahe fünfzig Leute auf dem Boden und warteten darauf, dass der Meister ihre Haut bearbeitete. Es waren Mönche darunter, ein paar Einheimische und einige wenige Backpacker. Ich war der einzige Europäer in der Gruppe.

Die Mönche fingen an zu beten und forderten uns auf mitzumachen. Ich kannte keine der buddhistischen Gebetsformeln und beschränkte mich darauf, im melodischen Singsang mitzumurmeln. Drei Mal mussten alle runter auf die Knie, dann ging es los. Das Motiv bestimmte der dicke Hüne, man hatte keinen Einfluss darauf, was er tätowieren würde. Ich durfte nur bestimmen, wo er das Tattoo platzieren sollte. An diesem Tag gab es nur zwei Motive: den Kompass und einige Schriftzeichen, deren Bedeutung sich mir nicht erschloss. Der Dicke verpasste fast allen die Schriftzeichen, für mich hatte er den Kompass vorgesehen.

188

Später sah ich nur einen einzigen anderen Backpacker, der an diesem Tag dasselbe Tattoo verpasst bekommen hatte. Ich war schwer zufrieden, es war ein Kompass, der mich auf meiner Reise in alle vier Richtungen beschützen sollte. So einen Talisman konnte gerade ich gut gebrauchen, da ich Gefahren manchmal erst erkannte, wenn sie schon wieder vorübergezogen waren.

Mein 75-Cent-Tattoo

Bevor der Mönch mit seiner Arbeit begann, mussten wir alle ein Honorar entrichten. Jeder musste eine Zigarettenschachtel kaufen, die einer der Buddha-Statuen geopfert wurde. Der Dicke zerdrückte die Zigaretten mit einer kurzen Bewegung zwischen seinen Pranken, dann warf er den Quetschtabak in Richtung Buddha. Die Schachtel kostete umgerechnet fünfundsiebzig Cent, wo kriegte man sonst noch ein Tattoo zu diesem Kurs?

Der Meister arbeitete mit einer Riesenbambusnadel, die sicher einen Meter lang war. Er benutzte ausschließlich diese eine Nadel und reinigte sie nur mit Alkohol – der Verband der deutschen Tätowierer hätte ihm dafür die Lizenz entzogen. Wenn einer aus der Reihe unter die Nadel kam, winkte der Mönch die beiden Nebenmänner heran, sie mussten dann die Haut des Tätowierten glattziehen, damit er besser arbeiten konnte. Die Bambusnadel verursachte viel heftigere Schmerzen als eine normale Tätowiernadel. Als er die ersten Stiche in meinen Nacken setzte, musste ich dagegen ankämpfen, nicht laut aufzuschreien. Es fühlte sich an, als ob er mit einem Akkuschrauber in meine Haut fahren und darin herumwühlen würde. Der Dicke stach zügig und gab keinen Ton von sich, ich biss mir auf die Lippen, bis er fertig war.

Ich bin überzeugt davon, dass sein Kompass mir oft weitergeholfen hat.

Schmerzhafte Erfahrungen mit der Bambusnadel hatte ich schon in Malaysia, in Kuala Lumpur, gemacht. Dort ließ ich mir *Viva la Vida* auf den rechten Unterarm stechen: Es lebe das Leben. Dieses Tattoo zeigte ich in Sachsen vor, als ich von meiner ersten Reise zurückkam. Für mich hieß das auch: Wenn dir langweilig ist, dann hau wieder ab und mach irgendetwas, was dir besser gefällt. Das ist eine Devise, die für mich auch heute noch gilt.

Auf meinem Hinterteil trage ich drei kleinere Bilder. Eines zeigt Kusslippen, die dort nach der Blackmoon-Party in Koh Phangan verewigt wurden. Ich hatte Ecstasy eingeworfen und bekam in dieser Nacht kein Auge zu. Morgens um sieben liebte ich in der Morgendämmerung noch ein Mädel aus Thailand. Einer meiner Freunde war nur wenige Meter neben mir mit einer anderen Thailänderin zugange. Mein Mädchen küsste meinen Po, nachdem sie sich üppig Lippenstift aufgezogen hatte. Als Andenken an diese wunderbare Nummer ließ ich mir morgens um acht im Tattoo-Studio ihren Kussmund auf den Arsch tätowieren.

Über den Lippen stehen die beiden Worte *Your name* auf meinem verlängerten Rücken. Nach einem verheerend wirkenden Drogenmix aus Lachgas, etlichen Joints und viel zu viel Alkohol hatte ich am Ende einer langen Nacht in Bangkok einen totalen Blackout. Ich war mit Mia, einer Amerikanerin, und Alex, einem Kumpel aus Birmingham, auf der Kaoh San Road unterwegs. Mia liebte es, hart rangenommen und gesandwicht zu werden. Wir trugen in unserer Wohnung nie Klamotten, wir kannten unsere Körper zu gut, um noch Scheu oder Scham zu empfinden. Die Kaoh San Road war nur vierhundert Meter lang, aber die bekannteste Ausgehmeile für Backpacker in Bangkok. Wir inhalierten Lachgas und gingen dann in eine Bar zu einer *Ping Pong Pussy Show*. Dort wurde gestrippt, aber die Pussy stand bei diesen Shows im Mittelpunkt – meist waren es mehrere dickere, ältere Frauen, die vorführten, was man mit einer Vagina alles machen konnte. Sie führten sich verschiedene Gegenstände ein und zogen sie wieder heraus. Die Pussy wurde auch als Flaschenöffner eingesetzt, und eine der Frauen konnte sogar eine Zigarre damit rauchen. Am Ende der Vorführung kopulierten die Frauen miteinander, irgendwann kam noch ein Typ dazu, der diese bizarre Show beendete, indem er die dicken Pussy-Frauen noch einmal ordentlich beackerte.

Was danach passierte, ist aus meinem Gedächtnis verschwunden, es ist, als ob wir mehrere Stunden in einem schwarzen Loch verschwunden wären. Am nächsten Nachmittag wachten wir zu dritt in unserem Appartement auf. Wir waren völlig fertig vom Lachgas, das uns im Nachhinein überhaupt nicht mehr lustig stimmte – ein richtig heftiger Hangover hatte uns am Wickel. Alex brüllte vor Schmerzen wie ein Tier, irgendjemand hatte ihm

Fuck off ausgerechnet auf die Lippen tätowiert. Mia hatte sich Augenbrauen tätowieren lassen, ihr ganzes Gesicht war angeschwollen wie nach einem Verkehrsunfall. Sofort hatten die beiden mich im Verdacht, für diese bescheuerte Aktion verantwortlich zu sein – ich hatte in der Backpacker-Szene den Ruf, ziemlich verrückt und ein bisschen pervers zu sein. Aber dann entdeckten Mia und Alex, dass auch ich ein neues Tattoo abbekommen hatte. Auf meinem Arsch stand nur lapidar: *Your name*. Wir hatten nicht den Hauch einer Ahnung, wie diese verdammten Tätowierungen auf unsere Körper gekommen waren.

Ehrlich gesagt, weiß ich bis heute nicht, was das alles bedeuten sollte. Aber dieses sinnlose Tattoo ist nun einmal auf meinem Hintern gelandet, und jetzt muss es auch einen Zweck erfüllen. Wenn ich jemand kennenlerne, sage ich immer: »Wetten, dass *dein Name* auf meinem Arsch steht?«

Das ist immer ein guter Anlass, um mal wieder die Hose runterzulassen.

Ungewohnt ernsthaft für meine Verhältnisse und sehr bedeutungsvoll wirkt dagegen das Recyclingzeichen, das ich am rechten Ellenbogen trage. Ich ließ es mir in St. Johann in Tirol von einem thailändischen Tätowierer stechen. In Österreich fiel mir auf, dass von Winter zu Winter weniger Schnee fiel und die Pisten in den Skigebieten mit Kunstschnee präpariert werden mussten. In Australien hatte ich das Tauchen für mich entdeckt, und häufig, wenn ich unter Wasser war, ärgerte ich mich über die Unmengen an Plastikmüll, die unsere Meere verschmutzen. Auch wenn ich manchmal oberflächlich wirken mag – auf meinen Reisen setzte ich mich immer stärker damit auseinander, wie fahrlässig wir Menschen mit der Natur umgehen, und mit dem Recycling-Tattoo wollte ich darauf hinweisen, dass wir sorgfältiger mit den natürlichen Ressourcen umgehen müssen.

In Mexiko City ließ ich mir unter die Haut stechen, wie ich in Las Vegas im Casino beinahe vor die Hunde gegangen wäre. Das Tattoo kostete mich gerade mal fünfundsiebzig Dollar, in den USA wäre es nur für ein Vielfaches zu haben gewesen. Der Tätowierer verstand sein Handwerk, aber die Farben blichen schnell aus, weil ich gleich nach der Session zum Schwimmen ins Meer ging. Ein Anfängerfehler, der mir sonst nie unterlief, aber ich wollte unbedingt ins Wasser. Derselbe Typ stach mir fünf Jahre später auf meiner letzten Reise noch eine zweite Tätowierung. Er erkannte mich tatsächlich wieder, als ich sein Studio betrat. Seitdem trage ich den *Cocinero Loco*, den verrückten Koch, auf meiner Haut. Er steht für die wilde Zeit als Koch in Österreich, die aus harter Arbeit, Suff und wilden Après-Ski-Partys bestand, die regelmäßig aus dem Ruder liefen.

Ein Tattoo, das mir ein thailändischer Tätowierer in Österreich setzte, trifft den Charakter meiner Reisen am besten. Es steht für meine ganze Einstellung zum Leben, für das, was mich antreibt: Auf meinem rechten Unterarm prangt das Adrenalin-Molekül.

DEM TOD LÄSSIG ZUZWINKERN

Lieber will ich kurz und intensiv leben als lange und gelangweilt – nach diesem Motto habe ich lange Zeit gehandelt, und es ist nicht nur mir ein Rätsel, dass ich das ohne ernsthafte Schäden überstanden habe. Backpacker, die mich schon länger kennen, behaupten, dass ich mehrere Leben haben müsste – so wie das Katzen nachgesagt wird, die häufig lebensgefährliche Situationen überleben. Ein paar Mal bin ich dem Tod gerade noch von der Schippe gesprungen, es waren Situationen, in die ich ziemlich blauäugig hineingeraten bin. In einen Tümpel zu springen, in dem schon die Krokodile warten, das konnte zum Beispiel nur mir passieren.

Irgendwann begriff ich, dass ich das Leben am intensivsten in extremen Situationen spürte, wenn der Körper jede Menge Stresshormone produzierte. Das, was andere mieden, zog mich wie ein Magnet an. Das Verlangen, möglichst viel Adrenalin zu spüren, wurde in Neuseeland geweckt, als ich mich betrunken für einen Bungee-Sprung anmeldete – ohne zu ahnen, auf was ich mich da einließ.

Bald suchte ich die Herausforderungen und spielte mit dem Risiko. Ich wollte so viele Grenzen überschreiten wie möglich und stellte meine Liste mit den hundert Abenteuern auf, die ich unbedingt erleben wollte. Alles, was auf meiner persönlichen *Bucket List* stand, war riskant, manches davon lebensgefährlich. Ehrlich gesagt: Ich bin froh, dass ich diese Liste abgearbeitet habe. Wenn ich von meinen Abenteuern erzähle, behaupten manche, sie würden das alles noch machen wollen, wenn sie im Rentenalter sind und nicht mehr viel zu verlieren hätten. Aber die Thrills, auf die ich mich eingelassen habe, besteht man nicht mehr als Rentner.

MEINE TOP 10

Das sind die zehn größten Kicks auf meiner Adrenalinskala von 1 bis 10:

Kawarau-Brücke

Mein erster Bungee-Sprung in Central Otago, mit 134 Metern damals der höchste Sprung in Neuseeland. Da wäre ich tatsächlich beinahe kollabiert vor Angst.

Adrenalin-Faktor 10.

Verzasca-Staudamm

Der Verzasca-Staudamm

Mit diesem Sprung aus 220 Metern Höhe begann der James-Bond-Film *Golden Eye*. Das Fundament der Staumauer im Tessin wölbt sich enorm nach vorn – ich war absolut sicher, dass ich daran zerschmettern würde. Aber ich überlebte, genau wie 007. Viel atemberaubender geht es nicht mehr.

Eine glatte 10.

Skydive ...

... über dem Lake Taupo in Neuseeland – eine ganze Minute im freien Fall. Es war wie ein sechzig Sekunden anhaltender Orgasmus, besser geht es nicht.

Adrenalinfaktor 10.

Kapstadt, Südafrika

Ich in einem Käfig, umgeben von vier hungrigen weißen Haien im Blutrausch, die mich als Futter ansahen. Danach spürte ich in jeder Faser meines Körpers, wie wertvoll das Leben ist.

Volle Punktzahl 10.

Pyramiden-Sex in Tulum

Was hat mich nur geritten, es ausgerechnet an dieser Stelle mit einer jungen Tschechin zu treiben, die ich gar nicht kannte? Wir waren ständig in Gefahr, erwischt zu werden. Dafür werde ich mich ein Leben lang selbst abfeiern, auch wenn die Nummer zu schnell vorbei war.

Eine gute 9.

Outback, Australien

Nach einem Autounfall in der australischen Wüste bin ich fast verdurstet. Die Hoffnung, dass ich überleben würde, nahm von Minute zu Minute ab.

Eine 9, die ich nicht gebraucht hätte.

Devil's Pool, Victoriafälle, Sambia

Baden im Pool war streng verboten. Wer auf dem Weg zum Wasserfall panisch wird, stirbt. Ich blieb ruhig.

Faktor 8,5.

Todesstraße in La Paz, Bolivien

Ein Fahrfehler auf der gefährlichsten Straße der Welt, und das war's. Eigentlich eine 10, aber ich war im Rahmen einer geführten Tour unterwegs. Nächstes Mal fahre ich allein.

8 Punkte.

Bullrunning, Pamplona

Nicht ganz nüchtern nahm ich am Stierrennen teil. Als ich mich verdrücken wollte, forderte mich die Menge auf, ein Mann zu sein und mich den Stieren zu stellen. Ich rannte um mein Leben.

Adrenalinfaktor 8.

Macau Tower, China

Zählt mit 233 Metern zu den höchsten Bungee Jumps der Welt. Ich hatte schon einige Sprünge absolviert, deshalb **8 Punkte**. Aber immer noch Adrenalin pur.

ZUGEDRÖHNT

Ich habe mich immer schon gern zugedröhnt. Schon als Kind schlürfte ich heimlich die Reste weg, wenn bei uns zu Hause gefeiert wurde. Ich mixte die Pfützen in den Flaschen und Gläsern zu einem wilden Cocktail, Hauptsache, er zeigte Wirkung. Meinen ersten Rausch hatte ich mit neun Jahren. Was Alkohol und Drogen angeht, gehörte ich zu den Frühreifen, ich hatte ältere Freunde im Dorf, die mich schon mit zwölf am Joint ziehen ließen. Als ich zu reisen begann, nahm ich in fast allen Ländern Drogen – ausgenommen dort, wo es zu riskant war. Drogenbesitz in Japan oder Indonesien wird hart bestraft, bis hin zur Todesstrafe.

Backpacker trinken und kiffen gern, das gehört zu ihrem Alltag. Ich habe nicht nur gekifft, ich wollte alle Drogen einmal ausprobieren, wollte wissen, wie sie hergestellt werden und wirken. Ich nahm allerreinstes und eigenhändig hergestelltes Kokain in Kolumbien, ich versuchte Meskalin in Neuseeland und Lachgas in Thailand, ich rauchte Opium in Thailand und in Pakistan. Und ich warf in den Anden das Pferde-Tranquillo ein, das Wirkung zeigte wie eine Breitseite mit dem Vorschlaghammer.

Der Drogenkonsum war für mich immer auch ein Selbstexperiment. Fast wie in einem wissenschaftlichen Versuch wollte ich die Auswirkungen auf meinen Körper und meinen Geist untersuchen. Ich blieb dabei in der Regel äußerst gelassen. Warum sollte ich panisch werden, wenn ich Stimmen hörte oder Gesichter sah, die gar nicht da waren?

Es gab nur wenige Augenblicke in meiner langen Drogengeschichte, wo ich befürchtete, die Kontrolle zu verlieren. Das Opium war vielleicht die unangenehmste Erfahrung, die ich machte: Die Suchtgefahr war extrem ausgeprägt, ich spürte sofort, wie die Droge an Einfluss über mich gewann. Aber ich war nie ein Suchtpatient. Sobald ich eine Droge ausprobiert hatte, hakte ich das Thema als Erfahrung ab – von Marihuana mal abgesehen, das mich auch durch den Alltag begleitete.

Auf meinen Reisen hatte ich immer ein ausgeprägtes Interesse daran, die Betäubungsmittel und Stimmungsaufheller der Einheimischen kennenzulernen. Es waren Pflanzen und Naturdrogen, die oft eine lange Geschichte und Kultur haben und deren Konsum nicht selten mit bestimmten Ritualen verbunden ist. Es ging mir nicht nur darum, *stoned* zu sein, auch der kulturelle Kontext war mir wichtig. Ich berauschte mich gern gemeinsam mit den Einheimischen und beobachtete sie dann.

Es waren Rituale, die mich faszinierten, etwa auf den Fidschis, wo der *Kava*-Trunk das traditionelle Rauschmittel ist. Während Alkohol häufig Aggressivität freisetzt, wirkte das *Kava* verlässlich ausgleichend und erzeugte eine heitere, friedliche Stimmung in mir. Anders als beim Alkohol litt die geistige Wachheit nicht unter dem *Kava*. Meine Muskulatur war bei der *Kava*-Kur auf den Fidschis immer so gut gelockert, dass ich sie gar nicht mehr benutzen wollte und für immer in der Hängematte hätte liegen können.

Das *Ayahuasca*, das ich bei den Chimane im Amazonasbecken probierte, war tief in der Kultur und Mythologie der Ureinwohner verwurzelt. Dass die Chimane mithilfe von *Ayahuasca* Kontakt zu ihren Vorfahren und zu göttlichen Wesen herstellen, kann ich mir gut vorstellen. Es ist eine Droge, die unsere Fantasie schwer anregt und viel möglich macht.

Ähnlich bitter und nur schwer einzunehmen war der Saft des San-Pedro-Kaktus, den ich in La Paz erfolgreich getestet habe. Man musste ihn mit Saft oder Limettenstücken mischen, um ihn überhaupt trinken zu können. San Pedro wirkte ähnlich wie *Ayahuasca* – man sollte ein ausgeglichenes Gemüt haben, um sich darauf einzulassen. Wenn ich sehe, wie verbissen viele von uns durch den Alltag hetzen, würde ich ihnen gern ein Gläschen *Kava* einschenken. Ich bin überzeugt, dass es die Diagnose Burn-out auf den Fidschis nicht gibt.

Der San-Pedro-Kaktus

OPIUM UND
BLACK MOON

INDIEN: TOD UND VERWESUNG
AM GANGES

Bevor ich nach Indien flog, arbeitete ich in der Wintersaison 2013/2014 in Fiss-Ladis, einem österreichischen Skigebiet an der Grenze zur Schweiz. Im Schlosshotel Fiss war ich Koch in der Brigade von Christoph Geschwendtner, einem der besten Köche Österreichs. Nach drei Monaten im Hotel war es dann höchste Zeit, meinen Backpack zu schultern und wieder loszuziehen.

In Indien fand das Holi-Fest statt, ursprünglich ein hinduistischer Brauch, bei dem sich die Gläubigen mit gefärbtem Puder bewerfen und so den Frühling begrüßen. Inzwischen kamen die Gäste aus aller Welt nach Indien. Das farbenfrohe Holi-Fest fand im ganzen Land statt, ich wollte mich in Goa unter die bunten Menschenknäuel mischen.

Ich flog am 20. März 2014 von München nach Goa und hatte mir vorher keine Gedanken wegen eines Visums gemacht. In Goa wurde mir die Einreise verweigert, und ich musste nach München zurück, wo ich eine Woche auf ein Visum wartete. Dann erst konnte ich noch einmal nach Indien fliegen. Das war eine ausgeprägte Form von Künstlerpech: Wenn man spontan reist wie ich, muss man solche Risiken in Kauf nehmen. Aber alles zu planen, das ging mir eben gegen den Strich, damit hätte ich von vorneherein viele Zufälle unterbunden, viele Begegnungen und Abenteuer. Und ohne die schien mir das Reisen langweilig.

Goa war eine Hippie-Hochburg, da kurvten 70-jährige Deutsche mit ergrauten Dreadlocks und nacktem Oberkörper auf dem Moped durch die Straßen. Einigen von ihnen waren bereits in der Flower-Power-Zeit der 1970er-Jahre dort hängen geblieben. In der Szene wurden eine Menge Drogen konsumiert, auch Ecstasy, die Jüngeren hörten laute Techno-Musik dazu. Ecstasy war nicht mein Ding, wann immer ich es probiert hatte, fühlte ich mich hinterher ausgepowert und ausgelaugt. Ich übernachtete in einem Prison-Hostel, das früher als Gefängnis gedient hatte und dann umgebaut worden war. Es war das einzige Mal, dass ich freiwillig in einem Gefängnis schlief. Goa war zwar touristisch und voll mit nervigen und verhaltensauffälligen Alt-Hippies. Aber wenigstens war das Essen einigermaßen hygienisch und frisch, das sollte ich noch ganz anders erleben in Indien.

Nach einer Woche tuckerte ich mit dem Zug von Goa nach Mumbai, das war wie eine Reise in die Vergangenheit. Für die knapp sechshundert Kilometer ließ sich der Zug mächtig Zeit, er stammte noch aus dem 19. Jahrhundert und war völlig überfüllt. Sogar auf dem Dach des Zuges saßen noch Passagiere, seelenruhig, als ob sie sich zum Picknick versammelt hätten. Dabei riskierten sie ihr Leben. Ich sah immer wieder Leichen an der Bahnstrecke liegen, es waren Inder, die auf den Zugdächern durch Stromschläge getötet worden waren. Sonderlich eilig hatten es die Bestatter nicht, die Leichen abzutransportieren. Ich persönlich fand den Umgang mit den Toten wenig respektvoll, sie lagen da, als ob es Tiere wären.

In Mumbai quartierte ich mich als Couchsurfer bei einer attraktiven Inderin knapp über zwanzig ein, die in einem der besseren Stadtviertel lebte. Shiva arbeitete im diplomatischen Dienst und verdiente gut. Für ihr junges Alter war sie ganz schön konservativ und spießig, alles in ihrer Wohnung hatte seinen festen Platz. Aber Shiva sah gut aus, und ich hatte mir gleich in den Kopf gesetzt, sie ins Bett zu kriegen. Shiva sollte auf meiner Liste die Vertreterin der indischen Frauen werden.

Die Nummer mit dem deutschen Frühstück wäre ihr allerdings zu prollig gewesen, da hätte sie mich vermutlich angeekelt aus der Wohnung geworfen. Ich musste mir ziemlich viel Mühe geben, musste mir den Mund fusselig reden und kräftig flunkern, von wegen: »Wir könnten uns eine gemeinsame Zukunft in Deutschland aufbauen.«

Was man nicht alles macht, um ein solches Juwel in die Sammlung zu bekommen. Ein schlechtes Gefühl hatte ich deswegen nicht, da Shiva sich ihrerseits ja nur auf mich eingelassen hatte, um von mir zu profitieren. Sobald ich erwähnte, dass ich Deutscher war, träumten viele von einem sorgenfreien Leben und wollten sich an mich hängen. Shiva war da keine Ausnahme. Ich sah ein, dass meine Herkunft ein Privileg war, und versuchte normalerweise, das nicht auszunutzen. Shiva jedoch war in ihrem Land ebenfalls privilegiert, und insofern, fand ich, waren wir quitt.

Nach unserer kurzen Affäre suchte ich schnell das Weite, Pakistan kam mir gerade recht. Eigentlich war man sich unter Backpackern einig, dass man um das Land besser einen Bogen machte, da im Norden die Taliban herrschten. Aber ich wollte mich nicht von einer Terrororganisation einschüchtern und von meinen Plänen abhalten lassen. In Pakistan angekommen, schlug mir eine übertrieben wirkende Freundlichkeit entgegen – viele Pakistaner wollten das schlechte Image ihres Landes offenbar korrigieren. Ständig wurde ich eingeladen, um Essen und Unterkunft musste ich mir keine Gedanken machen. Ich zog in der Kaschmir-Region von Bergdorf zu Bergdorf, wo die Menschen sehr einfach leben und ich so gut wie keine Touristen traf. Auch wenn es gut gemeint war: Nachdem ich anderthalb Wochen ständig umsorgt und bemuttert worden war, nahm mir die Zutraulichkeit der Pakistaner die Luft zum Atmen, und ich ergriff die Flucht.

IM OPIUMRAUSCH

Im Grenzgebiet zwischen Indien und Pakistan erlebte ich einen meiner härtesten Drogentrips. In einem kleinen Bergdorf auf pakistanischem Gebiet gehörte Opium zur Grundversorgung wie das tägliche Wasser und Brot. Alle Einwohner waren der Droge verfallen, sogar die Kleinkinder, weil die Mütter auch in der Schwangerschaft nicht vom Opium lassen konnten. Das Durchschnittsalter der Dorfbewohner lag zwischen dreißig und vierzig Jahren, sie verwandelten sich viel zu früh in Greise, in zahnlose und spindeldürre Gespenster, die ihre ganze Energie an die Droge verloren. Sogar die Kinder bekamen ihre Dosis Opium, sobald sie laut und unruhig wurden.

Es war kaum mit anzusehen, wie schon Babys und Kleinkinder nach dem Stoff gierten und so lange brüllten, bis sie ihn bekamen. Eine solche Abhängigkeit, die auf alle Generationen übergriff, hatte ich noch nie gesehen. Entsprechend erklärten die Bewohner des Opiumdorfes mich für verrückt, weil ich freiwillig Opium nehmen und selbst eine Sucht riskieren wollte. Wie die Einheimischen rauchte ich in einer der vielen Höhlen, die über dem Dorf lagen und wo auch einige der Junkies vor sich hin vegetierten. Mich zu diesen kaputten und unberechenbaren Gestalten zu setzen, kostete mich einige Überwindung – zumal ich der einzige Europäer in den Opiumhöhlen war.

Ich bestellte eine Pfeife mit dem besten Opium, das im Angebot war, und bezahlte dafür nur wenige Euro. Nachdem ich geraucht hatte, konnte ich mich nach einer Weile aufraffen und zu dem Gästehaus zurückgehen, in dem ich wohnte. In den Höhlen wollte ich mich nicht den Junkies überlassen, das schien mir zu riskant. In meinem Zimmer kam ich völlig schräg drauf und schob einen heftigen Film: Ich war mir sicher, dass das ganze Gästehaus lichterloh brannte. Ich trug nur Boxershorts und wollte nach draußen, wo die Temperatur unter zehn Grad lag. Die Hitze war unerträglich, ich spürte, wie mein Körper brannte, ich musste weg, der Wirt hatte größte Mühe, mich zurückzuhalten. Ab und zu zog ich auch noch meine Shorts aus, weil die Flammen mich immer stärker verglühten.

Als ich wieder bei klarem Verstand war und mein Wirt mir schilderte, wie ich mich aufgeführt hatte, konnte ich mich an nichts erinnern. Ich war völlig bedient, trotzdem war in meinem Kopf nur ein einziger Gedanke: Ich wollte mehr Opium, ich brauchte ganz schnell wieder eine Pfeife.

Aber bei Drogen bewies ich einen starken Willen. Ich wollte alles ausprobieren, schaffte es aber immer, die Droge wieder abzusetzen – auch wenn es mir ein paar Tage lang beschissen ging. Ohne Zweifel spürte ich jedoch die Macht des Opiums, das meinen Körper und Kopf mit nur einer einzigen Pfeife in Beschlag genommen hatte. Ich konnte nur zu gut verstehen, dass die Süchtigen ständig nachlegen mussten und sich völlig der Droge ergaben. Opium war wie eine Fessel, die einen nicht mehr losließ.

LEBEN UND TOD AM GANGES

Der Taj Mahal im indischen Agra war das letzte Weltwunder, das ich noch sehen wollte. Ein Foto des Mausoleums zu machen, ohne gleichzeitig einen Pulk von Touristen darauf zu verewigen, war allerdings aussichtslos. Trotzdem war das Gebäude an sich beeindruckend – mal eben so ein Riesending bauen zu lassen, weil die Frau verstorben war, das fand ich schon beachtlich.

Jetzt hatte ich alle sieben Wunder der Welt besucht, und alle hatten davon gezeugt, dass Menschen Außergewöhnliches leisten konnten. Am meisten hatte mir die chinesische Mauer imponiert, ich hatte kaum glauben können, dass dieses gigantomanische Projekt tatsächlich von Menschenhand erbaut worden war. Ich war einige Zeit an ihr entlanggegangen, hatte immer wieder zu ihr aufgesehen und den Kopf geschüttelt: Wie konnte man so etwas nur erbauen? Im Vergleich dazu war der Taj Mahal geradezu nachvollziehbar.

Von Agra fuhr ich nach Varanasi, wo Moslems, Hindus und Christen friedlich zusammenlebten. Dass das heute so möglich war, beeindruckte mich schwer. Das ganze Leben in Varanasi spielte sich am Ganges ab. Was ich da sah, war ein ziemlicher Kulturschock für mich: Überall lag Müll, manchmal hinauf bis zu den Kniekehlen. Ich sah Ratten, die den Leuten über die Füße liefen. Auch der Fluss war voller Müll, und der ganze Dreck ekelte mich ganz schön an.

Die hygienischen Zustände waren katastrophal, die Inder benutzten in der Regel nicht einmal Klopapier, wischten sich den Hintern mit den Händen ab. Wer es anders gewohnt war, musste sich mit seinem eigenen Toilettenpapier versorgen. Auch das Essen war oft lieblos zubereitet und selten frisch. Wer durch Indien reiste, ohne sich eine Lebensmittelvergiftung einzufangen, war die absolute Ausnahme. Auch ich lag eine ganze Woche lang flach mit einem rotierenden Magen. In Thailand begegnete mir ein Amerikaner, der in Indien beinahe gestorben wäre. Im Krankenhaus war ihm der Magen ausgepumpt worden, die Ärzte hatten ihn schon abgeschrieben. Ein deutscher Tourist bestand darauf, dass der Amerikaner auf seine Kosten nach Deutschland ausgeflogen würde, wo er gerettet werden konnte. Der Amerikaner, zeit seines Lebens ein unverbesserlicher Frauenheld, verliebte sich in seinen Retter. Die beiden lebten dann in Frankfurt zusammen und reisten häufig um die Welt. Aber um Indien machten sie einen Bogen.

Am Ganges wurden auch Leichen verbrannt, die in weiße Leinentücher gewickelt waren und wie Mumien aussahen. Es gehörte zu den Todesritualen, dass sich die Angehörigen am Ufer versammelten und zusahen, wie der Leichnam verbrannt wurde. Wenn der Kopf des Toten verbrannte, hörte man einen lauten Knall. Dann, behaupteten die Inder, fahre sein Geist direkt in den Himmel, das sei der direkte Weg nach oben. Nach dem Knall wurde die Leiche in den Ganges gestoßen.

Am Fluss brannten jeden Tag Hunderte von Leichen. Die Verbrennungszeremonie konnten sich nicht alle leisten – die Armen mussten dem Ganges ihre Angehörigen ohne dieses Ritual anvertrauen. Es hieß, dass sie dann einen Umweg in Kauf nehmen mussten und länger brauchten, bis sie oben im Nirwana angelangt waren.

Bevor ich Varanasi wieder verließ, leistete ich mir noch eine Bootstour auf dem Ganges. Ich beobachtete, wie die Vögel Gedärme aus den Leichnamen herauspickten, eine echte Horrorshow. Durch die Straßen liefen auch Hunde mit Leichenteilen, Arme und Beine waren ein gefundenes Fressen für sie. Für Europäer mochte der Ganges eine todbringende Kloake sein, für Inder war es der heilige Fluss, den sie verehrten. Morgens putzten sie ihre Zähne am Fluss und wuschen ihre Kleidung. Es störte niemanden, wenn einer sein Geschäft verrichtet, während der Nebenmann sich sein Gesicht wusch.

Allerdings behaupteten die Inder, dass der Ganges sauber sei und tranken demonstrativ daraus: Schaut her, das Wasser unseres Flusses tut uns gut. Viele Reisende, die ich getroffen habe, pflegten eine Hassliebe zu Indien, sie liebten vieles an diesem Land und seiner Kultur, hassten es aber auch, weil es so unhygienisch war. Ich habe da eine eindeutige Haltung: Indien besuche ich nicht einmal mehr, wenn man mir den Flug schenkt.

MEDITIEREN SOLLEN ANDERE

Nach so viel Tod und Verwesung am Ganges musste ich auf andere Gedanken kommen. Ich besuchte Nepal, mein Flieger landete auf dem Tenzing-Hillary Airport in Lukla, einem der gefährlichsten Flughäfen der Welt. Die Landebahn ist so kurz, dass unerfahrene Piloten bei der Landung leicht gegen die Felsen krachen und beim Start gar nicht erst in die Luft kommen. Ich flog mit einem Piloten, der sein Handwerk beherrschte.

Der Tenzing-Hillary Airport war auch Ausgangspunkt für den Mount-Everest-Treck, von hier aus führt der Wanderweg zum Base Camp. Um den Mount Everest besteigen zu können, fehlten mir sowohl das Geld als auch die notwendige Kondition. Dem Everest kam ich trotzdem ziemlich nahe: Zusammen mit zwei Schweizern gönnte ich mir einen Flug in einer kleinen Maschine über den berühmtesten Berg der Welt, wir flogen so knapp am Gipfel vorbei, dass ich meinte, ihn berühren zu können. Es war atemberaubend, den höchsten Punkt der Welt zu sehen.

Mit dem Flugzeug zum Mount Everest

Auf meinem Weg lag Katmandu, dort enterte ich einen Bus nach Pokhara in der Bergregion Annapurna. In diesem klapprigen Bus saß auch Joey, eine verdammt attraktive Deutsch-Brasilianerin, die mir wie eine Erscheinung vorkam. Mit einer solchen Begegnung hatte ich überhaupt nicht gerechnet, und Joey brachte meinen Kreislauf ganz schön auf Touren. Joey zuliebe brach ich sogar mit einigen meiner striktesten Gewohnheiten: Wir beschlossen gemeinsam zur Annapurna zu fahren, mit 8091 Meter der zehnthöchste Berg der Welt. Gemeinsam wanderten wir drei lange Tage hoch zum Basecamp. Und wer mich kennt, weiß, dass ich das nicht aus Lust am Wandern auf mich nahm.

Zugegeben: Der Berg hatte seinen Reiz, aber die von Joey waren ungleich größer. Mit ihr wurde die Annapurna noch schöner, ich wäre sogar noch länger den Berg hinaufgestiegen, nur um in ihrer Nähe zu sein. Ich muss gestehen, dass ich mich ein wenig in Joey verliebt hatte, und ich sah es als großes Geschenk an, dass sie sich mit mir einließ, obwohl zu Hause ihr Freund auf sie wartete. Sex mit Brasilianerinnen war für mich immer eine unkomplizierte und höchst vergnügliche Angelegenheit – und Joey hatte viel mehr von einer Brasilianerin als von einer Deutschen.

Schließlich fuhren wir gemeinsam zum Meditieren in eine Tempelanlage, die etwas außerhalb von Pokhara lag. Da kam wohl Joeys deutsche und spirituelle Seite zum Vorschein. Bei einem der Mönche mussten wir alle persönlichen Gegenstände abgeben, unsere Handys, Uhren und Laptops. Danach bekamen alle einen braunen Umhang, den wir umlegen sollten. Ich nahm alles in Kauf, solange ich bei Joey bleiben konnte. Aber nach fünf Stunden im Tempel musste ich abbrechen, ich kam in dieser braun gekleideten Meditationsherde einfach nicht zurecht. Alle saßen schweigend im Kreis, es war untersagt, sich zu unterhalten. Schließlich sollten wir unser inneres Ich finden. Aber es gelang mir einfach nicht, zu schweigen und mir meine dummen Sprüche zu verkneifen. Die Mönche gaben mir eine Chance nach der anderen, die ich allesamt nicht ergriff. Ich fuhr dann allein mit dem Bus nach Delhi zurück, ein beschwerlicher Weg durch die Berge. Joey blieb im Meditationskreis sitzen, ein Jammer, dass wir nicht zu zweit zu unserem Ich hatten finden können – mit Körperübungen, denen ich mehr abgewinnen konnte.

Von Delhi aus ging es in Richtung Thailand, wo ich mich mit den Jungs treffen wollte, mit denen ich beim Stanglwirt in Tirol zusammengearbeitet hatte. Wir hatten in der Küche harte Woche durchgestanden, und ich hatte ihnen immer wieder von Thailand vorgeschwärmt und versprochen, ihnen ein paar der spektakulärsten Plätze zu zeigen. Und wie ein echter Backpacker lebte.

Wir wollten uns in Bangkok treffen, ich hatte noch Zeit und konnte mir ein Visum für Myanmar besorgen. Myanmar, das auch als Burma bekannt ist, war lange ein Mysterium für die westliche Welt. Das Land stand seit 1962 unter Militärherrschaft und schottete sich nach außen ab, bis 2011 mit Thein Sein ein Präsident ernannt wurde. Als ich im Juni 2014 nach Yangon flog, hatte Myanmar gerade erst seine Grenzen für Besucher geöffnet. Myanmar war für mich ein besonderes Land, da es noch unberührt war von der Tourismusmaschinerie. Es gab kaum Informationen über das Land, es waren nur wenige Backpacker unterwegs, mit denen man sich dann dringend austauschen musste, um sich zurechtzufinden. Ich schätzte solche Herausforderungen, die viel reizvoller waren als ein langweiliges All-inclusive-Paket ohne Überraschungen.

Mit einem uralten chinesischen Zug fuhr ich zur großen Tempelanlage in Bagan. Es war ein Nachtzug, und man wurde ganz schön hin und her geworfen, ein paarmal schien es, als geriete der Zug von den Schienen. Bei mir im Abteil saßen ein Norweger und dessen asiatische Freundin. Wir waren uns nicht sicher, ob wir die Fahrt ohne größere Schäden überstehen würden – es hätte niemanden groß gekümmert, wenn in Myanmar ein Zug entgleist wäre.

Das Gästehaus, in dem ich unterkam, war teuer: 30 Dollar für eine Nacht in einem Land mit wenig Infrastruktur. Die Regierung brauchte wohl dringend Devisen. Das Essen war gut und günstig, aber es gab keine Partys, keinen Alkohol und keine Frauen, mit denen ich flirten konnte. Das Einzige, was es im Überfluss gab, waren Litschis. Lange konnte man mich damit nicht zufriedenstellen.

BLACK-MOON-PARTY

Nach ein paar Tagen beendete ich den Trip nach Myanmar und traf mich in Bangkok mit den drei Jungs aus dem Stanglwirt. Unser Ziel waren die Inseln Ko Phi Phi und Ko Phangang, wo die Black-Moon-Party gefeiert wurde. Vor ziemlich genau vier Jahren war ich schon einmal auf den Inseln gewesen, ich war geschockt, wie viel sich in der Zwischenzeit verändert hatte. Die Backpacker gingen inzwischen im Touristenstrom unter. Alles war teurer geworden, die Preise für einen Eimer mit Wodka, Red Bull oder Cola hatten sich von drei auf sechs Euro verdoppelt. Aber ich ließ mir nicht anmerken, was ich von diesem Kommerz hielt, schließlich wollte ich den Jungs etwas zeigen und bieten. Wie damals bekam man auf Ko Phi Phi noch einen Eimer umsonst, wenn man nackt Limbo tanzte.

»Nackig machen!«, forderte ich die Jungs auf.

Ich holte mir einen zusätzlichen Gratis-Eimer, weil ich mich von einem Thai-Boxer im Ring verprügeln ließ. Wer sechzig Sekunden aushielt, ohne zu Boden zu gehen, wurde mit Alkohol belohnt.

Die Jungs erwiesen sich als äußerst lernwillig. Als wir uns in Bangkok getroffen hatten, war keiner von ihnen tätowiert gewesen – inzwischen fand sich kaum noch eine Körperstelle bei ihnen, die nicht verziert war. Sie schafften es selten, im Suff am Tattoo-Studio vorbeizukommen. Einen Monat lang verbrachten wir in Thailand, komplett im Rausch.

Einer der Jungs blieb schließlich in Thailand hängen, er trägt heute Dreadlocks, ist ganzkörpertätowiert und lebt mit einer Thailänderin zusammen. Immer wieder bekomme ich Nachrichten von ihm: »Ich habe gerade die beste Zeit meines Lebens, danke, Mann, ohne dich hätte ich das nie erlebt!«

Bevor ich nach Deutschland zurückflog, machte ich noch halt auf den Philippinen, in Taiwan, Hongkong und auf Bali. Dort besuchte ich Trav, dem ich immer wieder überraschend mit seiner Freundin Taylor begegnet war. Manchmal hatte sich das wie eine Art Vorsehung angefühlt. Jetzt hatte Trav eine neue Überraschung parat: Er hatte sich von Taylor getrennt und war mit seinen beiden Brüdern nach Bali ausgewandert.

Die drei arbeiteten als Filmemacher und waren gut im Geschäft. Als ich dort ankam, drehten sie gerade einen Werbeclip über die Hanging Gardens, die als exklusivster Pool der Welt galten und sich über zwei Etagen erstrecken. Der Pool ist vom Regenwald umschlossen, man hört die Geräusche der Tiere im Urwald, insbesondere den Lärm der Affen. Trav machte mich am Set kurzerhand zu seinem Assistenten. Zu meinen Aufgaben zählte es, viele Cocktails zu trinken und die delikaten Gerichte zu verdrücken, die ein brasilianischer Sternekoch für uns zubereitete. Trav führte vor, was möglich war, wenn man sich keine Grenzen setzte. Er hatte es geschafft, vom Flugbegleiter ins Filmgeschäft zu wechseln.

DIE KÜCHEN DIESER WELT

VON GENÜSSEN UND MUTPROBEN

Ich bin ein Muffel, was das Schreiben angeht, und habe auf meinen Reisen kaum Notizen gemacht. Nur bei interessanten Rezepten war ich fleißig – ich esse für mein Leben gern. Essen ist neben dem Sex die wichtigste Sache für mich überhaupt, und vermutlich tippen jetzt alle darauf, dass Sex die größere Bedeutung hätte. Aber da bin ich mir gar nicht so sicher.

Mit der Zeit gewöhnte ich es mir an, genau hinzuschauen, wenn ich bei Einheimischen eingeladen war und dort gekocht wurde. Oft stand ich dann in fremden Küchen und versuchte behilflich zu sein. Beim Kochen und gemeinsamen Essen kommt man den Menschen schnell nahe, da zeigen sie ihre Seele und Kultur. Gerichte verraten oft mehr über ein Land als viele andere Dinge.

In Argentinien verliebte ich mich in *Empanadas*, die mit Hack gefüllten Teigtaschen. Es ist ein einfaches Gericht und eines der ersten Rezepte, das ich in meinem Notizbuch festhielt. In Peru und Bolivien genoss ich immer wieder *Ceviche*, mit Limetten marinierten Fisch, der mit Chili, roten Zwiebeln und Süßkartoffeln angerichtet wird.

Man sollte für *Ceviche* nur den frischesten Fisch verwenden, am besten fangfrisch. In Brasilien lernte ich *Pastel* kennen, die brasilianische Variante der Frühlingsrolle, die mit Rind, Huhn oder Krabben gefüllt wird. In Mexiko sagte ich nie Nein, wenn *Enchilada de Pollo* aufgetischt wurde, überbackene Tortillas mit einer Füllung aus Hühnerfleisch. Wenn ich heute zu Hause in Sachsen am Herd stehe, kommen viele Erinnerungen hoch an die Küchen dieser Welt.

Durch hundert Länder zu reisen erweiterte meinen Speiseplan und kulinarischen Horizont enorm. Südamerika ist für mich das Fleisch- und Grillparadies schlechthin. Ich genoss die besten Steaks der Welt in Uruguay, dort lernte ich auch schlechtes von gutem Fleisch zu unterscheiden – und gutes von allerbestem. In Ländern wie Uruguay oder auch Kolumbien wird virtuos mit dem Grill umgegangen, was in Deutschland erst seit Kurzem zu beobachten ist. Bei uns wurden jahrzehntelang nur Würstchen und billiges Schweinefleisch über normalen Kohlen gegrillt. Wenn ich dagegen an ein Barbecue in Kolumbien denke: Da werden halbe Schafe und ganze Fische zwischen Metallstäbe gesteckt oder an Spießen über dem Holz gegart. Da werden viele Abende am Grillfeuer verbracht und das Ergebnis zelebriert, es ist eine Lebensform, die uns so nicht vertraut ist.

Neben der südamerikanischen lernte ich auch die asiatische Küche schätzen. In Südkorea wird Rind oder Huhn auf dem Tisch gegart, dazu werden verschiedene Gemüsesorten und Dips gereicht – ich konnte nie genug davon kriegen. Gerade auch die mobilen Garküchen, die überall an den Straßen stehen, erstaunten mich immer wieder. Asien ist viel mehr als Hähnchen süßsauer. Was wir in Deutschland aufgetischt bekommen, ist oft nur eine billige Kopie dieser vielfältigen Kochkultur.

Oft wurden mir auf meinen Reisen Gerichte angeboten, die für den europäischen Gaumen ungewöhnlich waren und auf den ersten Blick ungenießbar schienen. Aber ich probierte so ziemlich alles, was mir vorgesetzt wurde. Häufig war es eine Mutprobe, manchmal ein kulinarisches Roulette. Wenn ich essen ging, bestellte ich gern aus den Restaurantkarten, ohne zu wissen, um welches Gericht es sich handelte. Ich aß Schlange in Vietnam, Känguru in Australien, Hund in Vietnam, Wal und sogar Delfin in Japan. Ich lernte *Quwi*, das bolivanische Meerschweinchen, kennen, und konnte mich davon überzeugen, dass ein Lama-Steak ausgezeichnet schmecken kann. In Sambia wurde mir *Infinkubala* serviert, Raupen, die mit Zwiebeln und schwarzem Pfeffer gut schmeckten. Auf dem Fischmarkt im südkoreanischen Busan bestellte ich mir *San Nak Ji*, die lebendige Krake, was tatsächlich nicht schlecht war – wäre nur das Chili nicht so teuflisch scharf gewesen.

In Asien bekommt man häufig gegrillte Larven, Skorpione oder – wie in Kambodscha – frittierte Vogelspinne serviert. Es waren Snacks, die ich immer mal wieder bestellte, wie auch in Hongkong frittierte Bambuswürmer.

Auf den Märkten und Hinterhöfen Hongkongs wurden Tausendjährige Eier angeboten, die höchstens drei Jahre alt waren. Um sie haltbar zu machen, werden diese Eier roh in einem Brei aus Holzkohle, gebranntem Kalk, Salz und Wasser eingelegt oder in einem Mix aus Asche und Zitrone. Danach werden sie im Keller gelagert, dabei verwandelt sich das Eiweiß in eine geleeartige Masse und das Eigelb verfärbt sich in ein Spektrum von grünlichgelb bis schwarz. Die Eier verbreiten einen stechenden Geruch nach Ammoniak und werden mit Sojasauce serviert. Der faulige Ammoniakgeruch ist sehr penetrant, aber davon lassen sich die Einheimischen nicht abhalten – für Europäer ist er nur schwer zu ertragen. In Hongkong wird behauptet, dass die Eier die Leber schützen, deshalb werden sie mit Schnaps serviert, egal zu welcher Uhrzeit. Wer Tausendjährige Eier zum Frühstück ordert, bekommt seinen Schnaps dazu.

Gewöhnungsbedürftig waren auch die aus der ostchinesischen Provinz Dongyang stammenden Urin-Eier. Diese »Frühlingseier« werden zuerst in Kinderurin gekocht, anschließend gepellt und für eine Nacht in der Urinade eingelegt. Am besten sollen die Eier mit Urin von vorpubertären Jungen im Alter von zehn Jahren schmecken. Der Urin für diese merkwürdige Spezialität wird an örtlichen Schulen gesammelt. Die Pipi-Eier haben den Ruf, gesund zu sein, wie manches in Asien, was man in Europa angeekelt wegwerfen würde.

Dazu zählen auch die Schwalbennester, eine absolute Spezialität in Ländern wie China, Taiwan und Hongkong. Schwalbennester waren eine der größten kulinarischen Herausforderungen, die ich bestehen musste – es sind echte Vogelnester, von Salanganen, die den Schwalben ähneln, und die in Gemüsebrühe gegart werden. Auf den ersten Blick könnte man die Nester mit Reisnudeln verwechseln. Aber dann löst sich der Kot langsam in der Brühe auf und bestimmt auch deren Farbe und Geschmack. Wenn man ausblenden kann, dass man gerade Vogelkacke isst, kriegt man Bissen für Bissen hinunter. Wenn man zu viel dabei nachdenkt, scheitert man an diesem Teller. Vor allem in Malaysia hat man die proteinhaltige Spezialität als Geschäftsidee und Exportschlager entdeckt.

Meine Lieblingsspeise in Hongkong waren *Drunken Shrimps*, lebendige Shrimps, die nur ganz kurz in Schnaps eingelegt werden. Die zappeln noch, wenn sie auf den Tisch kommen, frischer geht es nicht. In Hongkong, im Stadtteil Sham Shui Po, speiste ich auch im Tim Ho Wan, dem billigsten Sternerestaurant der Welt, in dem als Spezialität *Dim Sum* zubereitet werden. Ich aß dort gedämpftes und sehr köstliches Fleisch. Der Besitzer des Restaurants, Mak Kwai Pui, hat die Preise nicht angehoben, nachdem er mit einem Michelin-Stern ausgezeichnet worden war. Es hat mir richtig imponiert, dass die Preise immer noch auf Kantinen-Niveau sind.

Sehr schwer tat ich mir mit Hundefleisch, das ich im Norden Vietnams bestellte. Das war sicher eine der schwierigsten kulinarischen Grenzerfahrungen. Aber seit ich Hund gegessen habe, bin ich auch offener gegenüber anderen Gebräuchen und Kulturen. Ich nehme mir nicht mehr das Recht, andere Esssitten und -gewohnheiten zu kritisieren. Viele haben gemeckert, als sie hörten, dass ich Wal oder Delfin gegessen habe: »Wie kannst du nur?«

Aber wenn ich auf meiner Reise einen Teller vorgesetzt bekam, war es eine Frage des Respekts für mich, davon zu essen – auch wenn es sich um extreme Gerichte handelte. Nur so konnte ich die Kultur eines Landes wirklich kennenlernen.

Was mir am meisten Überwindung abverlangt hat, war *Balut*, das Embryo-Ei auf den Philippinen. Balut ist etwas für ganz Hartgesottene, man trifft nicht viele Ausländer auf den Philippinen, die dieses Ei herunterbekommen. *Balut* ist ein angebrütetes und gekochtes Entenei – also ein Ei mit einem Küken drin. Zunächst wird die Schale geöffnet und das Fruchtwasser mit Salz gewürzt und geschlürft. Das schmeckt einigermaßen vertraut nach einer milden Hühnersuppe. Dann kommt der harte Teil, wenn das Küken gegessen werden soll. Je nachdem, wie viele Tage das Tier schon im Ei lebt, ist auch seine Konsistenz: Sie reicht von geleeartig und damit erträglich bis hin zu knusprig-federig – was garantiert Brechreiz auslöst. Egal wie man zu *Balut* steht, das Gericht gehört zur philippinischen Esskultur und ist unter Filipinos

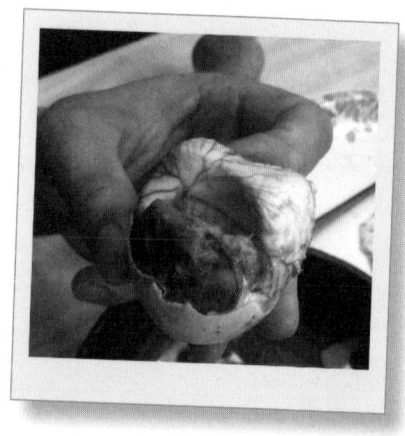

Balut ist ein angebrütetes gekochtes Enten- oder Hühnerei

enorm beliebt. Und wer darf behaupten, dass seine eigene Kultur besser wäre als eine andere? Wessen Perspektive möchte man da einnehmen? Wir alle haben unsere Spezialitäten, und genau darin unterscheiden wir uns nicht.

VOM LAIEN ZUM PROMI-KOCH

Als ich in Sachsen zu meiner ersten Reise aufbrach, konnte ich gerade einmal Nudeln kochen und mir ein Spiegelei braten. In Australien hatte ich zwar als Koch auf einem Fischkutter angeheuert, aber das war reine Hochstapelei – was ja auch aufflog. Die Frau des Skippers brachte mir einiges in der Kombüse bei, beispielsweise wie man ein Stück Fleisch brät, ohne dass eine Schuhsohle daraus wird. In Kyoto arbeitete ich zwei Wochen lang in einem Irish Pub – ein Deutscher in einem irischen Pub in Japan, das war eine kuriose Konstellation. Ich wurde als Barmann angestellt und zapfte Guinness und Kilkenny. Zum Essen gab es selbst gemachtes Sushi von hoher Qualität, da habe ich mir einiges abgeschaut. Als ich in Thailand in Chiang May als Englischlehrer arbeitete, besuchte ich mehrere Kochkurse. Dort lernte ich viel über die Gewürze der asiatischen Küche und begann mit Sesamöl, Ingwer, Zitronengras, Koriander, Kokosmilch und Chili zu kochen. In Thailand sprang der Funke über, ich begann mit Begeisterung zu kochen, da wurde ich vom essenden Amateur zum guten Hobbykoch.

Bevor ich meine erste Wintersaison als Küchenhilfe bestritt, briet ich zwei Wochen lang auf dem Oktoberfest Hähnchen im Akkord. Da gewöhnte ich mich an das straffe Tempo, das in einer Küche herrscht. Ich hatte geschickte Hände und war schnell, wenn es darum ging, mir bei den Köchen etwas abzuschauen. Da war es kein großer Schritt mehr, mein Geld ganz in einer Küche zu verdienen. Als Küchenhilfe fing ich im Hotel Sonnenburg an, einem Restaurant mit gutem Renommee in Vorarlberg. Richtig kochen lernte ich aber beim Stanglwirt, dem österreichischen Promi- und 5-Sterne-Bio-Hotel in Going am Wilden Kaiser, das von der Familie Hauser betrieben wird.

Beim Stanglwirt wechselte ich endgültig auf die andere Seite – von den Gemüseschälern und Schnippelhilfen zu den Köchen. Der Stanglwirt war auch der Karrieresprung für mich in der Küche. Dort bekochte ich die deutsche Fußball-Nationalmannschaft, die Klitschko-Brüder, Arnold Schwarzenegger und auch die Geissens – die privat so sind wie im Fernsehen: Laut und schrill.

Fußballstars wie Michael Ballack, Matthias Sammer und Mehmet Scholl waren Stammgäste beim Stanglwirt. Jeden Samstag bauten wir unser Buffet auf, und dabei lernte ich einige Prominente kennen. Mit Arnold Schwarzenegger zum Beispiel hatte ich eine lustige Begegnung: Er stand am Buffet und wollte noch etwas vom Spanferkel nachholen, die Keulen waren aber schon weg, von denen er gern noch etwas haben wollte. Ich hatte ein weiteres Ferkel in der Röhre, also baute ich mich vor ihm auf, drei Köpfe kleiner als Arnie, und brachte den berühmten Spruch aus dem *Terminator:* »I'll be back.«

Schwarzenegger fing lauthals an zu lachen, und der halbe Stanglwirt grölte mit. Seitdem war ich auch unter den Promis bekannt für meine lockeren Sprüche.

Beim Stanglwirt arbeitete ich ein ganzes Jahr lang, von April 2012 bis April 2013, Küchenchef war der Sternekoch Thomas Ritzer. Obwohl ich vorher nur als Küchenhilfe gejobbt hatte, wurde ich als Koch angestellt. Dave, ein guter Kumpel, hatte ein gutes Wort für mich eingelegt, und im Bewerbungsgespräch konnte ich überzeugen. Jetzt war ich als Jungkoch, als *Commis de Cuisine,* auf dem Fleischposten angestellt, zuständig für Saucen und auch für Fleisch. In der Regel gab es österreichische Küche, edles Fleisch, Schnitzel, Braten, Spanferkel, Spätzle und Schupfnudeln. Und natürlich meine Saucen. Ich hatte darauf spekuliert, dass ich meine internationalen Erfahrungen einbringen könnte, aber die waren nicht gefragt. Trotzdem kam ich schnell zurecht in der Küche und wurde als Koch im Team akzeptiert. Ich arbeitete sieben Tage die Woche, morgens fing ich um 8.30 Uhr an, nach zwei Stunden Mittagspause begann die zweite Schichte, die meist um 23.30 Uhr endete. Da ich kein Auto hatte, wohnte ich mit anderen Angestellten ganz in der Nähe des Hotels in einem umgebauten Bauernhaus.

Die Wintersaison 2013/2014 absolvierte ich dann in Fiss-Ladis. Als Koch trat ich an im Team von Christoph Geschwendtner, einem der besten Köche Österreichs. Ein guter Koch ist für mich wie ein Künstler, und Geschwendtner ist ein besonderer Künstler. Was er im Schlosshotel Fiss auf die Teller brachte, war faszinierend. Christoph Geschwendtner ist eine schwierige Persönlichkeit, er konnte cholerisch sein und sich in der Küche wie ein Tyrann aufführen. Er hat kaum jemanden an sich herangelassen, aber mir vertraute er, und wir sind noch heute gut befreundet.

223

Als Demi Chef Saucier war es meine Aufgabe, Saucen zuzubereiten. Koch zu sein gefiel mir, fraß mich aber auch auf. Wenn ich eine Weinsauce aufsetzte, goss ich eine Flasche Wein in die Sauce und reservierte eine andere Flasche für mich. Wenn ich zum Schweinebraten eine Biersoße kochte, stand neben mir ein Kasten Bier, der sich in der heißen Küche viel zu schnell leerte. In allen Küchen, in denen ich gearbeitet habe, wurde gesoffen. Da gab es einige, die kamen ohne Alkohol gar nicht mehr klar. Ich nahm mir oft vor, dass ich so nicht enden wollte, aber dann stand ich am nächsten Tag mit Hangover in der Küche und öffnete spätestens am Mittag wieder das erste Bier. Nach Feierabend fuhr ich gern zu einer der Aprés-Ski-Hütten, um zu feiern. Meist trank ich mir in der Küche schon einen an. Die Patisserie arbeitete mit Wodka, und da fiel immer ein großer Schluck für mich ab. Manchmal dachte ich: Wenn ich das noch länger mache, werde ich zum Vollalkoholiker.

Viele Köche leben wie Rockstars, Drogen und Alkohol spielen eine große Rolle in der Küche. Viele nehmen Koks, um dem Druck gewachsen zu sein. Und um wieder runterzukommen, wird Marihuana geraucht. Und zum Vögeln finden Köche bei all der Hektik auch noch Zeit. Auch ich schaffte es manchmal, noch locker einen wegzustecken – der Fleisch-Vakuumierer stand im Lager in einer Ecke, und da trieb ich es mit der Küchenhilfe, wenn ich Druck abbauen musste. Danach ging es zurück zu meinen Saucen und dem Alkohol, der in der Küche bereitstand.

Nach meiner Zeit im Schlosshotel wollte ich nicht mehr als Koch arbeiten, der Rhythmus aus wenig Schlaf, viel Arbeit und zu viel Alkohol und Drogen begann mich zu ruinieren. Im Dezember 2014 entschied ich mich trotzdem, noch eine Wintersaison anzuhängen. Ich wollte wieder auf Reisen und brauchte das Geld, und in der Gastronomie kam ich immer unter. Aus Samnaun in der Schweiz bekam ich ein Angebot, das ich nicht ablehnen konnte: Eine Fünf-Tage-Woche, die Wochenenden frei, bei sehr gutem Verdienst. Ich war bei der Bergbahn AG angestellt, vier Monate, von Ende Dezember 2014 bis April 2015. Ich arbeitete auf dem Berg, morgens fuhr ich mit dem ersten Skilift hoch und abends mit dem letzten wieder hinunter. Ich stand in der Küche, schlachtete auch die Kälber von den umliegenden Bauernhöfen und nahm das Wild der Jäger aus. Nach Feierband klemmte ich oft das Snowboard unter den Arm und ließ mich die Hänge hinuntergleiten.

Nach meiner letzten Wintersaison wusste ich: Meine Zeit als Koch war vorbei. Ich war all die Jahre an Weihnachten und Silvester nie zu Hause gewesen. Wenn andere feierten, stand ich am Herd. Es wird viel über die Kochszene geredet, und ich kann es bestätigen, es ist alles wahr. Ich habe die Schattenseiten gründlich kennengelernt.

Selbst Kochen konnte also lebensgefährlich sein, so wie ich es betrieb. Ich hatte eine verrückte Zeit als Koch, die ich auch als Tattoo festhalten wollte: Auf dem Bauch trage ich den Cocinero Loco, den verrückten Koch, mit Totenschädel, roten Augen und zwei Messern. Mit diesem Tattoo wollte ich einen Schlussstrich ziehen unter die Kocherei, sie aber gleichzeitig verewigen. Ich bekam danach immer mal wieder Angebote, als Koch und sogar als Küchenchef zu arbeiten. Aber ich stehe nur noch zu Hause am Herd. Dann wird Weltküche aufgetragen: Gerichte und Gerüche von allen Kontinenten, die ich besucht habe.

VOR DEM ESSEN STEHT DER TOD

Ich kenne es nicht anders: Für ein Stück Fleisch muss ein Tier sterben. Wenn es bei uns zu Hause Fleisch geben sollte, wurde geschlachtet. Wir schlachteten jedes Jahr, und ich war immer dabei. Meine beiden Brüder ekelten sich davor, mir dagegen machte es nichts aus. Einer musste es ja machen, einer musste den Eltern helfen, während die anderen kotzen gingen. Meine Brüder konnten das Blut nicht sehen und den Gestank nicht ertragen. Ich hingegen schlachtete mein erstes Tier mit vierzehn Jahren, wenn Blut floss, konnte mich das nicht beeindrucken. Blut war für mich nur eine rote Flüssigkeit.

Ich habe gern geschlachtet, tue es heute noch, da weiß ich wenigstens, woher das Fleisch kommt. Ich vergleiche den Körperbau der Tiere, ihre Anatomie, ich beobachtete sie, wenn das Blut aus ihren Körpern floss und das Leben aus ihren Augen wich. Dabei empfinde ich nicht viel, das war so und ist auch heute noch so – und manchmal wundert es mich ein bisschen. Vermutlich hat es damit zu tun, dass ich es seit der Kindheit so gewohnt bin – menschlichem Leid gegenüber bin ich ja wesentlich sensibler.

DIE LETZTE REISE: AUS 90 LÄNDERN 100 MACHEN

MIKEY STIFF: DER MANN, DER IMMER KANN

Auf meinen Reisen musste ich manchen Job erledigen, um mich über Wasser halten zu können. Als Barmann habe ich in mehreren Ländern gearbeitet und meine Gäste mit großzügig dosierten Drinks abgefüllt. Ich habe mich in Australien als Koch auf einem Fischkutter verdingt, an der Ostküste Bananenstauden geschleppt, in Uruguay meine Brötchen als Hostelmanager verdient. Und auf Gran Canaria versuchte ich pubertierende Jugendliche als Animateur bei Laune zu halten.

Es gibt nur einen Job, von dem ich nicht so gern erzähle, aber auch der gehört nun einmal zu meiner Geschichte. 2013 ließ ich mich auf eine Sache ein, die sonst wohl kaum ein Backpacker erlebt hat – ich wurde professioneller Pornodarsteller. Jahrelang hatte ich die Mädels damit aufgezogen, dass ich Schauspieler sei und Erwachsenenfilme drehen würde, und plötzlich traf es tatsächlich zu. Das war kein Zufall, ich hatte auf meinen Reisen zunehmend alle Hemmungen verloren und konnte vom Sex nie genug bekommen. Ich hatte schon oft gedacht, dass ich mich in der Pornobranche eigentlich wohlfühlen müsste.

Zunächst spielte ich in Spanien spontan als Laiendarsteller in einem Porno mit. Als ich zum zweiten Mal die Tomatenschlacht in Buñol besuchte, wurde in der Menschenmenge gerade ein Pornostreifen gedreht. Direkt neben mir wurde gerammelt, ich zog kurz entschlossen meine Hose aus, stülpte eine Tomate über meinen Penis und ließ ihn lutschen. Es machte mir nichts aus, dass da andere zuschauten. Im Gegenteil, das stimulierte mich zusätzlich.

Vom Amateurfilmchen zu meinem ersten professionellen Porno war es dann nur ein kleiner Schritt. In einem Hostel in Budapest lernte ich Keni Styles kennen, einen bekannten Pornodarsteller aus den USA. Er drehte gerade in Ungarn, und nachdem wir ins Gespräch gekommen waren, nahm er mich mit zum Set. Ich sah, was für geile Weiber er da bumsen konnte, und natürlich war ich hellauf begeistert. Jede Menge Sex, und dafür bekam er auch noch Geld! Das schien mir eine Traumkombination zu sein.

2013 bewarb ich mich bei einem Pornolabel und drehte kurz darauf meinen ersten Film. Aus Michael wurde Mikey und aus Berndt wurde Stiff. Letzteres bedeutete auf Englisch so viel wie »steif« oder »hart«. Jetzt war ich Mikey Stiff, der Mann, der immer kann.

Als ich noch als Koch arbeitete, kam es vor, dass ich auf dem Weg ins Restaurant einen Dreh hatte und in die Rolle von Mikey

Stiff schlüpfen musste, bevor ich die Kochklamotten anzog. Die Anonymität im Pornogeschäft kam mir dabei entgegen. Eine feste Beziehung, die mit dem Job wohl nicht vereinbar gewesen wäre, wollte ich ja ohnehin nicht. Meine Freunde und Bekannte hatten alle schon Kinder bekommen, aber das langweilte mich völlig. Der Pornojob hingegen machte mir Spaß. Mikey Stiff wurde sogar von Homosexuellen kontaktiert, er sollte masturbieren und das auf Video aufnehmen. Auch Fußfetischisten erteilten mir Aufträge – ich musste einfach nur einen Fuß in die Kamera halten. Mit solchem Kram verdiente ich massig Geld. Das Geschäft lief gut an, bei den Produzenten war ich beliebt, weil ich ziemlich locker und lässig war. Vermutlich wäre ich heute ein bekannter Pornostar, wäre mir nicht die Liebe meines Lebens begegnet.

UND DANN KAM LISA

Nach einem Zwischenstopp beim Oktoberfest, wo ich wieder im Akkord Hähnchen grillte, flog ich im Herbst 2014 nach Moskau. Den Trip stellte ich unter das Motto: Besuchen Sie Russland, bevor Russland uns besucht. Im März 2014 hatte Russland die Krim annektiert, der Konflikt zwischen der Ukraine und Russland spitzte sich zu, die Lage war angespannt und konfus. Als meine Eltern von meinem Reiseplan erfuhren, hörte ich zu Hause wieder den beliebten Spruch: »Hast du das Leben so satt, dass du ausgerechnet zu den Russen willst?«

»Kein bisschen«, antwortete ich und verzog keine Miene.

Sollte ich etwa darauf warten, dass mir in Cunnersdorf die Decke auf den Kopf fiel?

In Moskau spazierte ich direkt zum Zentrum der Macht auf den Roten Platz, abends besuchte ich eine Untergrundparty, die unter der Devise »*America we hate you*« stieg. Dazu eingeladen hatte mich ein junger Russe, dem ich im Hostel begegnet war und der als DJ für die Musik auf der Feier sorgte. Als einziger Nicht-Russe unter dem Partyvolk wurde ich immer wieder angequatscht, ich kam leicht ins Gespräch mit russischen Frauen, die mich mit ihren markanten Gesichtszügen anzogen. Der Höhepunkt war ein fulminanter Dreier in meinem Hotelzimmer – wir kamen auch ohne Sprachverständigung ganz hervorragend miteinander zurecht.

Ich fuhr nach St. Petersburg und von dort per Anhalter über die baltischen Staaten Lettland und Estland zurück und besuchte die Hauptstädte Riga und Tallin. In Riga versuchten ein paar Jungs aus der politischen Krise und Hysterie auf eine absurde Art Profit zu schlagen. Man konnte sich auf einer sogenannten *Shooting Range* als Rotarmist verkleiden und mit Waffen jeden Kalibers rumballern. Klar, dass i̱ch das Angebot annehmen musste. Ein wenig pervers war ich schließlich immer schon.

Nachdem ich meine letzte Wintersaison im Schweizer Bergdorf Samnaun abgerissen hatte, verbrachte ich Ostern 2015 in Sachsen. Da geschah etwas, das ich niemals erwartet hätte und was mein Leben völlig auf den Kopf stellte: Ich lernte Lisa kennen.

Wir hatten uns auf Facebook geschrieben und trafen uns in einer Disco. Es sah zunächst nicht so aus, als ob diese Affäre länger dauern könnte als die vielen davor – zumal sie meine plumpen Mackersprüche überhaupt nicht mochte. Aber ich spürte schnell, dass Lisa mich mehr beschäftigte als die vielen anderen Frauen. Und auch sie schien in mir mehr zu sehen als einen One-Night-Stand.

Trotzdem stellte ich gleich klar, dass ich keine Beziehung führen wollte. Ich hatte mir das Ziel gesetzt, die hundert Länder vollzumachen. Neunzig hatte ich bislang besucht, und meine letzte Reise war nun auf exakt zehn Stationen angelegt. Dazu inspiriert hatte mich James Asquith, den ich in Johannesburg getroffen hatte. Er war auf dem Weg in die Komoren, einem Land zwischen Mosambik und Madagaskar, von dem ich noch nie gehört hatte. Als ich fragte, was er ausgerechnet da wolle, lächelte er nur und sagte: »Muss ich mal schauen.«

Asquith sammelte in seinem Reisepass Stempel, er war mit vierundzwanzig Jahren der jüngste Globetrotter, der alle 197 Länder unserer Erde besucht hatte – damit hielt er den Weltrekord. Ich konnte zunächst nicht verstehen, dass einer Länder sammelte wie andere Briefmarken. Oder Frauen, wie ich es machte. Aber mit der Zeit ergriff auch mich der Ehrgeiz, und ich beschloss, wenigstens hundert Länder zu erreichen.

Die erste Station auf meiner letzten Reise sollte Kuba sein. Es war noch nicht allzu lange her, dass der sozialistische Inselstaat in der Karibik sich für Besucher geöffnet hatte. Ich wollte den Kubanern einen Besuch abstatten, bevor Massen von Touristen durch das Land strömten. Danach wollte ich Zentralamerika besuchen, das ich bei meiner ersten Amerikareise ausgelassen hatte.

Bevor ich mich in Cunnersdorf wieder vom Hof machte, ließ ich Lisa wissen: Drei Monate bin ich weg, wenn du auf mich wartest, dann kommen wir auch wieder zusammen. Ich war selbst von mir überrascht – Lisa hatte schon eine kleine Tochter, Jasmin, die im Grunde keinen Platz in meinen Vorstellungen und Plänen hatte. Romantische Anwandlungen waren mir fremd, und so verbindliche Ansagen hatte ich sonst vermieden. Nachdem ich mit einer Frau im Bett gewesen war, zog ich weiter, bevor zu viel Nähe entstehen konnte. Dieses Mal jedoch spürte ich, dass mehr dahintersteckte – ein unbekanntes Gefühl, das mich elektrisierte, aber auch erschreckte. Dagegen ankämpfen konnte ich allerdings nicht.

Am 1. Juni 2015 flog ich nach Havanna und merkte schnell, dass diese Reise anders verlief. Ich nutzte nicht, wie sonst, jede Gelegenheit zum Flirten und zur Eroberung. Ich zügelte mich und ließ die besten Gelegenheiten verstreichen. Sonst hatte ich grundsätzlich nach Lust und Laune gehandelt, aber jetzt kreisten meine Gedanken um diese junge Frau aus Sachsen, Lisa, mit ihrem zauberhaften Lächeln und den langen blonden Haaren. Sie hatte etwas, was mich tief in meinem Innersten berührte, etwas, das ich noch nie bei einer anderen Frau gespürt hatte. Bei ihr saß alles am richtigen Platz, ihr großes Herz, ihre attraktiven Rundungen. Und zum ersten Mal auf einer Reise turnte mich allein die Vorstellung an Sex schon ab, ausgerechnet in Kuba, wo die heißesten Mädels durch die Straßen wackelten.

Stattdessen ließ ich mir immer wieder das Glas mit echtem Havanna-Rum füllen und lernte eine Menge über Zigarren. Mit irgendetwas musste sich ein Mann wie ich ja beschäftigen, wenn auf einmal die liebste Beschäftigung wegfiel. Davon abgesehen fiel es mir schwer, dem morbiden Charme Kubas viel abzugewinnen. Ihre alten Limousinen und Oldtimer setzten die Kubaner liebevoll instand, um über den Malecón, die berühmte Uferpromenade in Havanna, zu cruisen. Aber ihre Häuser ließen sie zerfallen.

MIT WILL DURCH ZENTRALAMERIKA

Am 15. Juni 2015 flog ich von Havanna nach Cancún. Fast fünf Jahre waren seit meinem ersten Besuch in Mexiko vergangen. Eigentlich hatte ich geplant, auf direktem Weg die Karibikinsel Belize anzusteuern, die zwischen Mexiko und Guatemala liegt, um dort zu entspannen. Im Hostel in Cancún traf ich jedoch Will, einen Engländer, und bei ein paar Bieren merkten wir schnell, dass wir gut zusammenpassten. Wir waren beide ohne ausgefeilten Plan unterwegs und beschlossen, gemeinsam weiterzureisen. Willkommen im Klub der unorganisierten und chaotischen Backpacker!

Ich sprach inzwischen ganz passabel Spanisch, das gefiel Will. Der Alltag ließ sich so leichter organisieren, auch wenn es oft nur darum ging, abzuhängen und zu warten, was die Tage mit sich brachten. Einmal buchten wir von Cancún aus eine Bootsfahrt und fuhren eine Stunde bei hohem Wellengang aufs Meer hinaus. Mir war speiübel, wie immer, wenn es auf dem Wasser ordentlich schaukelte, ein Seemann ist an mir nicht verloren gegangen. Auf einmal sahen wir einen Pulk Walhaie – ich zählte neun Tiere, die Algen fraßen und auf ihren Körpern auffällige Muster mit hellen Punkten trugen. Vom Boot aus konnte man nicht erkennen, wie riesig die Walhaie tatsächlich waren. Ein paar Mutige sprangen ins Wasser, um die gepunkteten Riesen aus der Nähe zu betrachten. Ich hatte eigentlich nicht vorgehabt, engere Bekanntschaft mit ihnen zu schließen, aber der Bootsführer stieß mich kurzerhand ins eiskalte Wasser. Als ich die Augen aufmachte, schwamm vor mir ein Walhai, so lang und breit wie ein kleiner Transporter. Er warf mir einen kurzen Blick zu und schwamm mit seinem Riesenmaul dicht an mir vorbei – eine Demonstration der Souveränität.

Nach einem kurzen Schockmoment begann ich neben ihm her zu schwimmen, und die Begegnung entwickelte sich zu einem harmonischen Wasserballett von Mensch und Tier. Der Gigant agierte majestätisch und ruhte so vollkommen in sich, dass ich keine Angst mehr spürte. Er war wie ein Bodyguard, der mich durchs Wasser begleitete und führte. Als ich wieder an Bord stieg, konnte ich dem Bootsführer nicht böse sein, er hatte mir unverhofft zu einem unglaublichen Erlebnis verholfen.

Mit Will zusammen stromerte ich bis nach Panama, ich konnte ihm Mexiko zeigen und dabei glänzen. Ich wollte ihm unbedingt die Pyramiden von Tulum vorführen, wo ich die Weltklasse-Nummer mit dem tschechischen Mädel geschoben hatte. Will konnte nicht glauben, dass wir dort oben Sex gehabt hatten. »Michael«, sagte er immer, »das glaube ich einfach nicht, dass jemand so cool sein kann.«

Der Zugang zur Pyramide war in der Zwischenzeit gesperrt worden, es war verboten, die Plattform zu betreten. Vielleicht hatte es sich herumgesprochen, dass es sich dort oben hervorragend vögeln ließ. Bald wurden wir in einem Pulk von Touristen eingekeilt, fast alle hielten Selfie-Stangen in der Hand und filmten sich. Will und ich schauten uns kurz an und hatten denselben Gedanken: Schnell weg hier.

Wir zogen weiter nach Belize, einem Inselstaat, der 1981 aus der Kolonie Britisch-Honduras entstanden war und unter Backpackern als kleines Paradies galt. Auf Belize ging es langsam zu, dort lebten viele zugewanderte Rastafaris, und alle auf der Insel waren high und praktizierten die grenzenlose Entschleunigung. Ein beliebter Spot für Backpacker war die kleine vorgelagerte Sandinsel Caye Caulker. Hier galt das Motto: *Go slow!* Und auch: *No shoes, no shirt, no problem!* Das Belize Barrier Reef war das zweitgrößte Riff der Welt und eines der schönsten Tauchreviere, das ich auf meinen Reisen gesehen habe.

Wir machten uns auf den Weg nach Guatemala, wo wir im Hostel *Vista Verde Lanquin* in den Bergen unterkamen. In der Mitte der Anlage stand ein riesiger Pool mit großartiger Aussicht auf den Dschungel und die Berge. Im Hostel hatten sich schon einige Backpacker einquartiert, jeden Abend fanden die üblichen Trinkspiele statt, die nur ein Ziel verfolgten: dass alle nach und nach ihre Klamotten ablegten. Ich zog mich gleich aus, ich brauchte keine Trinkspiele mehr, um mich nackig zu machen und mein Hinterteil in die Sonne zu halten. Auf diese leicht verklemmten Rituale hatte ich mich am Anfang meiner Backpacker-Zeit noch eingelassen, aber inzwischen hatte ich zu viel erlebt, um noch mitzumachen. Ich lag im Pool, genehmigte mir ein Bierchen und beobachtete, wie die Backpacker-Gang sich verstohlen ihrer Klamotten entledigte. Ich erkannte mich selbst nicht wieder: Meine Gedanken wanderten ein paar Tausend Kilometer weiter nach Sachsen, und es machte mir nichts mehr aus, allein zu sein und mich meinen Gefühlen zu stellen. Sonst hatte ich die Nähe anderer Backpacker gesucht, ich hatte mich betäubt und abgelenkt, jetzt begann ich alles zu meiden, was mich normalerweise angezogen hätte.

In El Salvador angekommen, waren Will und ich es bald satt, mit den Touristenbussen zu reisen und immer wieder dieselben

Backpacker zu treffen. Wir beschlossen, anders vorwärtszukommen und auf die sogenannten Chicken-Busse zu wechseln, in denen die Einheimischen unterwegs waren und alles transportierten, was es auf dem Markt zu kaufen gab: Hühner, Ziegen, Schafe und körbeweise Gemüse und Obst. Die bunt bemalten Busse galten unter Touristen als gefährlich, weil dort angeblich viel geklaut wurde. Aber wir trugen ohnehin unsere Wertsachen so am Leib, dass niemand rankommen konnte. In den Bussen ging es laut und lebhaft zu, es wurde Musik gemacht und dazu gesungen – das war der ganz normale Alltag in El Salvador, an dem wir nun teilnehmen konnten.

DIE GENERATION SELFIE-STICK

Das Reisen und die Backpacker-Szene hatten sich innerhalb von wenigen Jahren stark verändert, das bekam ich auf meinem letzten Trip jeden Tag zu spüren. Als Individualreisender hatte man kaum noch Chancen, aus dem Strom der Touristen und Backpacker auszuscheren und mit den Einheimischen zu leben. Das war mir aber immer wichtig gewesen auf meinen Reisen. In den Hostels war ich es gewohnt, mir Informationen von den einheimischen Angestellten einzuholen – die zum Beispiel wussten, wann und wo die Busse fuhren, mit denen sie selbst unterwegs waren. Nun wollten alle an den Backpackern verdienen, sodass nur noch die touristischen Standardangebote zur Auswahl standen – moderne und schnellere Busse, die man teuer bezahlen musste.

Ich saß oft mit jungen und verwöhnten Edel-Backpackern zusammen, die das Geld mit vollen Händen ausgeben konnten.

In den Hostels hatte sich eine neue Generation breitgemacht, die Blogger, alle mit Selfie-Stick bewaffnet und den ganzen Tag hochwichtig mit der Video- und Textproduktion beschäftigt. Es war eine Generation, die nicht mehr miteinander redete, sondern alles durch die Kamera betrachtete und jede Bewegung dokumentieren musste, auch wenn sie noch so banal und alltäglich war. Stören durfte man die Kids dabei nicht, sie hatten schließlich Bedeutendes zu erledigen, auch wenn sie nur ihren Frühstückskaffee filmten und beschrieben.

Inzwischen bot fast jedes Hostel einen freien Internetzugang, und jeder hing vor seinem Laptop, Tablet oder Handy. Will und ich waren knapp über dreißig, und manche der Blogger noch Milchbärte, die bestenfalls eine Handvoll Länder bereist hatten. Trotzdem spielten sie sich auf wie ausgewachsene Backpacker-Legenden, wussten alles besser und nervten mit ihrer Klugscheißerei. Es war nicht mehr das Backpacken, das wir kannten und das auf das gemeinsame Erleben ausgerichtet gewesen war. Auf meinen Reisen hatte ich immer wieder anderen Backpackern geholfen und war selbst auf Hilfe angewiesen gewesen. Oft reiste man zusammen in gefährliche Regionen, man achtete aufeinander und kam gemeinsam besser über die Runden als allein. Inzwischen war vieles durchorganisiert, auch Backpacking war zu einer Form des Massentourismus geworden. Alle wollten nur noch dasselbe erleben im All-inclusive-Pauschaltourismus. Auch die Backpacker ließen sich von Hostel zu Hostel fahren, ohne etwas vom Land zu sehen und zu erleben. Niemand musste sich noch Gedanken machen oder in eine Bar gehen, um Leute kennenzulernen und an Informationen zu gelangen, die für die

Weiterreise wichtig waren. Die Einheimischen waren nur noch folkloristische Staffage für den nächsten Blogeintrag, aber allzu nahe kommen wollte man ihnen bitteschön nicht. Wenn ich mit anderen Backpackern das Gespräch suchte und mich austauschen wollte, bekam ich immer dieselbe Antwort: »Guck doch bei Wikitravel, wie jeder andere auch, da steht doch alles.«

Man sprach nur noch das Allernötigste miteinander, die Reiserei war zum Ego-Battle geworden, jeder verglich sich mit den anderen und wollte der Bessere und Coolere sein. Jeder fütterte seinen Blog und versuchte sich zu profilieren. Für mich stand fest – zur Generation Selfie-Stick würde ich niemals gehören. Sollten sie sich doch mit ihren albernen Stangen zum Affen machen. Sollten sie doch jede Minute ihres Tages dokumentieren und dabei das Leben verpassen. Ich spürte, dass meine Zeit beinahe abgelaufen war und ich mich auf meiner letzten Reise als Backpacker befand.

HONDURAS: IM GEFÄHRLICHSTEN LAND DER WELT

Vielleicht war es eine Trotzreaktion auf diese genormte Form des Backpacking, aber Will und ich wollten raus aus der Komfortzone. Wir ignorierten alle Warnhinweise und begannen in Richtung Honduras zu trampen, wir wollten das Land durchqueren und die Karibikküste erreichen, unser Ziel war die Insel Utila, ein guter und günstiger Spot für Taucher. Wir waren mit Sicherheit die Einzigen, die so unterwegs waren: Denn Honduras galt als das gefährlichste Land der Welt. Auf den Titelseiten der Zeitungen sah man immer wieder Opfer des Drogenkriegs, mit Kopfschuss hingerichtet.

Als wir im Hostel in La Libertad erzählten, was wir vorhatten, wurden wir für verrückt erklärt. Aber lieber wollten wir etwas riskieren, als mit autistischen Bloggern im klimatemperierten Bus zu sitzen. Lieber wollten wir uns den Gefahren stellen, als in einem Meer von Selfie Sticks unterzugehen. Lange standen wir nie an der Straße, meist saßen wir hinten auf der Ladefläche eines Pick-ups, an uns zogen Felder mit Bohnen und Mais vorbei und Plantagen mit Bananen und Kaffeesträuchern. Oft begegneten wir im nur dünn besiedelten Landesinneren über längere Zeit keinem anderen Fahrzeug. Wir ließen uns den Wind durch die Haare wehen, hatten über uns den blauen, wolkenlosen Himmel. Manchmal wurden wir von einem der Fahrer noch zum Essen eingeladen, ich fühlte mich selten so sicher wie in Honduras, dem gefährlichsten Land der Welt.

Nach wenigen Tagen erreichten Will und ich Utila, eine kleine Insel, die Zivilisationsmüde und Backpacker vom alten Schlag anzog. Utila, das vor der karibischen Küste von Honduras liegt, schien aus der Zeit gefallen zu sein. Windschiefe Holzhäuser stützten sich gegenseitig in den schmalen Straßen, Hunde liefen umher, kleine Hotels und Pensionen boten Übernachtungen für wenige Dollars an. Aus den vielen Kneipen und Bars drangen die Rhythmen von Reggae und Merengue auf die Straßen, überall saßen kleine Gruppen auf den Holzstegen zusammen – vor sich den rot glühenden Sonnenuntergang über dem Meer, in der Hand ein eisgekühltes Bier und im Mundwinkel einen Joint, der behutsam den Kopf in Watte packte.

Will und ich zogen uns immer mal wieder die Taucherflossen über, Utila war für mich auch die Insel der Hängematten, die überall aufgespannt waren und zum Chillen einluden. Die Einheimischen grinsten, wenn man ihnen sagte, dass man die Insel bald wieder verlassen wollte. Denn die meisten der Gringos blieben länger als geplant, manchmal nur Tage, manchmal Wochen, manche blieben für immer. Ich aber wurde langsam unruhig. Lisa und ich schrieben uns, so oft es ging. Manchmal meldete ich mich zwei Tage lang nicht, wenn ich keinen Zugang zum Internet bekam. Dann dachte sie vermutlich: Wer weiß, was der Kerl gerade wieder anstellt? Aber der Kerl hielt sich schwer zurück, ich zählte die Länder herunter, die auf der Reise noch vor mir lagen, wie ein Kind die Tage bis Weihnachten.

Es gab Momente, da hätte ich am liebsten meinen Rucksack gepackt und wäre auf dem schnellsten Weg zu ihr geflogen. Manchmal verfluchte ich mich, weil ich dieses Gefühlschaos zuließ. Verdammt, ich war ein erfahrener Backpacker mit beinahe hundert Ländern auf dem Buckel, und jetzt stellte ich mich an wie ein frisch verliebter Teenager!

Nach anderthalb Wochen in Honduras enterte ich einen Bus nach Nicaragua. Will blieb noch einige Tage auf Utila, er wollte noch tauchen und sich erst später nach Panama durchschlagen. Mein Ziel war León, das an der Ostküste des Landes liegt und als schönste Stadt Nicaraguas gilt. Die Fahrt zog sich über zwanzig Stunden hin, ich hätte gern wieder das Pferde-Tranquillo intus gehabt, das Alex damals in Lima in einer Apotheke besorgt hatte. Rund dreißig Kilometer von León entfernt lag der Volcán Cerro Negro, den ich besteigen wollte. Nicaraguas jüngster und aktivster Vulkan bot eine besondere Attraktion: Boarden am brodelnden Vulkan stand als einer der letzten Punkte auf meiner Liste der riskanten Abenteuer.

Mühsam kletterte ich über Felsbrocken auf den 728 Meter hohen Cerro Negro. Der knallblaue Himmel stand im krassen Kontrast zur gelbgrünen Landschaft, auf der tiefschwarz der Feuerspucker thronte.

Oben am Kraterrand qualmte es, überall lag schwarze Asche, ich schwang mich auf ein Sperrholzbrett mit einer Lage Metall am Boden, das man ebenso am Fuß des Vulkans mieten konnte wie einen orangefarbenen Schutzanzug, der vor gröberen Verletzungen schützen sollte. Wenn man stürzte, wirkte der Untergrund wie eine Stahlbürste mit besonders dicken Borsten, sodass der Schutz durchaus angemessen war. Immer wieder kam es beim Vulkanboarden zu Knochenbrüchen – Prellungen und Schürfungen nahm man ohnehin in Kauf.

Mit Tempo ging es über scharfkantiges Lavagestein den Hang hinunter. Sobald das Board über den Hang glitt, knatterte und krächzte es, Steinchen und Staub flogen umher. Zu wissen, dass ich gerade über einen aktiven Vulkan raste, in dessen Bauch es glühte und tobte und der jederzeit Feuer und Lava spucken konnte – das setzte durchaus eine Menge Adrenalin frei. Der Geschwindigkeitsrekord am Cerro Negro lag bei neunundachtzig Stundenkilometern. Nicht umsonst hatte es der Extremsport schon auf Platz zwei der »50-Thrillseeker-Bucket-List« des Nachrichtensenders CNN geschafft, noch vor dem Tauchgang mit Salzwasserkrokodilen und hinter einem Fighter-Jet-Flug. Vielleicht hatte ich ein langsames Board erwischt, aber ich hätte diesen Ritt gern noch etwas schneller gehabt – deshalb nur eine 7 auf meiner persönlichen Adrenalin-Skala.

Meine letzte Reise näherte sich dem Ende, über Costa Rica – nicht mehr als ein Durchgangsland – kam ich in Panama an. Der Panamakanal hatte mich schon immer fasziniert, denn nach dem Suezkanal war es immerhin die zweitwichtigste Wasserstraße der Welt. Die etwa achtzig Kilometer lange Passage verbindet den Pazifik mit dem Atlantik. Als ich dort ankam, stand ich allerdings an einer gewaltigen Baustelle. Ursprünglich hatte der Kanal pünktlich zum 100. Geburtstag 2014 erweitert werden sollen, aber die Eröffnung verschob sich immer wieder.

Die Ausmaße des Umbaus waren gewaltig: 40.000 Arbeiter räumten 150 Millionen Kubikmeter Erde und Geröll ab und verbauten zwölf Millionen Tonnen Zement sowie 192.000 Tonnen Stahl. Die neuen Schleusen waren mehr als 420 Meter lang, 55 Meter breit und 18,3 Meter tief. Die Tore waren bis zu 33 Meter hoch und bis zu zehn Meter dick.

Alles, was so riesig und extrem ist, zieht mich in Bann, da werde ich wieder zum Kind. Inzwischen ist der neue Kanal in Betrieb, und ich will noch einmal nach Panama, um ihn in Aktion zu bestaunen.

Vor der Küste Panamas liegen die San Blas Islands, Karibikinseln, unberührt und wunderschön. Man konnte eine dieser kleinen Inseln mieten und dort dann sein Zelt aufschlagen. Als ich auf eine der Mini-Inseln zog, kamen immer wieder Fischer vorbei, um mir frisch gefangenen Hummer zu bringen. Im Vergleich zu Deutschland kosteten die kaum etwas und schmeckten köstlich. Ich liebe Hummer, und seitdem ich aufgehört hatte, irgendwelche Bräute aufzureißen, hatte gutes Essen noch eine größere Bedeutung bekommen. Eine Zeit lang konnten die Hummer mich ablenken, überall lagen ihre Scheren neben meinem Zelt.

An einem Morgen jedoch ging ich an den Strand, schaute auf das türkisblaue Wasser und die vielen kleinen Inseln, die aus der Karibik ragten. Alles war so friedlich und so schön, zu schön für mich allein, und ich spürte den Drang, diese Stimmung mit der Frau zu teilen, an die ich ununterbrochen dachte. Meine Laune sank von Minute zu Minute, und in meinem Kopf tobte ein Kampf. Ich saß hier am schönsten Strand der Welt und meine Geliebte war zu Hause. Was sollte ich hier allein? Es war genug, ich wollte zu Lisa.

Und tatsächlich war es mehr als ein kurzer Koller, der mich an jenem Morgen packte. Ich flog von der Dominikanischen Republik zurück nach Deutschland, fuhr nach Sachsen, klingelte bei Lisa an der Haustür und zog dann gleich bei ihr ein.

100 LÄNDER, ABER MEINE WELT IST LISA

Ich lebe wieder in Kamenz. Wir haben uns eine Wohnung ausgebaut oben am grünen Stadtrand, und vor dem Haus liegt ein kleiner Garten. Ich arbeite in einem Supermarkt an der Fleischtheke, auf meinem Kopf sitzt ein weißes Schiffchen, wie es Metzger und Fleischfachverkäufer tragen. Wer bei mir vorbeikommt, verlangt nach Krustenbraten und frischem Hackepeter, das Leib- und Magengericht vieler Sachsen – in Kamenz würde ohne das frische Schweinemett mit Zwiebeln vermutlich das öffentliche Leben zusammenbrechen. Wer bei mir bedient wird, der bekommt gratis einen lockeren Spruch dazu und eine Geschichte, wenn er sie denn hören möchte. Ich bin in der Lausitz bekannt wie ein bunter Hund, für viele bin ich der Verrückte, der jahrelang um die

Welt gezogen ist und Abenteuer erlebt hat wie kein anderer in der Gegend. Ich bin einer von hier, und doch ganz anders.

Meine Wursttheke ist für viele auch der Startpunkt, um die Welt zu erkunden. Wer nicht aus Kamenz herauskommt, kann seine Reise hier beginnen. Ich bin wohl der Fleischfachverkäufer der Republik, der am weitesten herumgekommen ist. Oft bleiben die Leute stehen und sagen: »Micha, erzähl doch noch mal, wie die Menschen auf den Fidschi-Inseln leben. Oder wie die Frauen in Kolumbien lieben und wie du in Mexiko im Knast gelandet bist!«

Dann fange ich an zu erzählen, schweife über die Kontinente, oft lande ich in Brasilien, in Rio de Janeiro und der Favela Vidigal, wo ich die bis dahin beste Zeit meines Lebens hatte. Fast immer werde ich dann gefragt: »Warum bist du dann nicht in Rio geblieben?«

Und ich antworte: »Weil ich es hier noch besser erwischt habe!«

Mancher tut sich schwer damit, das zu verstehen. Aber es ist so: Ich habe hundert Länder und alle Kontinente besucht, aber meine Welt ist inzwischen Lisa.

In acht Jahren habe ich so viel gesehen, wie die meisten in ihrem ganzen Leben nicht. Dass ich überhaupt noch da bin und dazu noch bei guter Gesundheit, halten meine Freunde für ein Wunder. Ich habe mich offenbar auf meiner langen Reise auf eine ganze Kohorte von Schutzengeln verlassen können.

»Die Guten sterben jung« – das habe ich mir irgendwann auf den Rücken tätowieren lassen und bin mit dieser Devise um die Welt gezogen. Ich habe mein Glück ständig überstrapaziert, ich habe gelebt, als ob ich den nächsten Morgen nicht mehr sehen wollte. Ich habe alles an Drogen eingeworfen, was ich bekommen konnte, und die Hälfte davon hätte vermutlich gereicht, um einen Normalsterblichen in die Entzugsklinik oder Psychiatrie zu bringen. Ich habe mich um den Globus gebumst und dabei – wie viele Backpacker – nur selten ein Kondom benutzt. Dass ich nur einmal wegen des Verdachts auf Syphilis behandelt werden musste, kann ich selbst kaum glauben. Vieles war mir egal, ich nahm es in Kauf, dass ich hätte draufgehen können. Ich habe das Risiko gesucht, weil ich in den Momenten der Gefahr das Leben am intensivsten spüren konnte. Ich bin wie ein Arsch um die Welt gereist, ich wollte vor allem eines: auf meine Kosten kommen.

Einige – vor allem Frauen – mögen mich für einen hoffnungslosen Fall halten. Oft werde ich gefragt, in welchem der hundert Länder der Sex am meisten Spaß gemacht habe. Und ich sage: Wenn eine Brasilianerin einmal mit Hingabe Samba auf deinem besten Teil getanzt hat, dann wirst du das niemals vergessen.

An dieser Stelle wird es Zeit, etwas zu gestehen. Ich wollte in jedem der hundert Länder mindestens eine Einheimische in die Horizontale kriegen, eine Jordanierin fehlt mir jedoch bis heute. In Jordanien gelang es mir nicht einmal, eine Prostituierte klarzumachen – wobei diese kleine Lücke in meiner Liste heute keine Rolle mehr für mich spielt.

Ich habe nicht mitgezählt, mit wie vielen Frauen ich auf meiner Reise geschlafen habe. Manchmal waren es mehrere an einem Tag, und die Statistiker unter euch kommen sicher auf eindrucksvolle Zahlen. Aber auch das Besondere wird gewöhnlich, wenn man es zu oft bekommt. Es gab Phasen, da vögelte ich mir die

Seele aus dem Leib. Ich wollte immer mehr, Sex und Adrenalin, weil ich nicht wusste, was mir wirklich fehlt. Bis Lisa kam. Ich war nicht in der Lage, eine Beziehung zu führen, immer wollte ich nur schnell wieder weg, bevor Gefühle ins Spiel kamen, die mich hätten in Beschlag nehmen können. Erst Lisa hat mir den Unterschied zwischen Sex und Liebe gezeigt.

Als ich den begriffen hatte, hörte ich sofort auf, Pornos zu drehen. Erst da habe ich verstanden, wie krank die Pornoszene ist, in der alles erlaubt ist, bis auf ein großes Tabu: Küssen ist verboten, weil man damit Gefühle zeigt. Die meisten Pornodarsteller sind auf den schnellen Profit aus und gehen auch der Prostitution nach. Auch Mikey Stiff, der Mann, der immer konnte, war ein Schauspieler. Aber zu echten Gefühlen war er nicht fähig.

Inzwischen sind wir zu viert. Charlie, unser Sohn, kam im vergangenen November zur Welt. Charlie hatte es verdammt eilig, er konnte es nicht erwarten, bei uns zu sein. Als »Frühchen« lag er die ersten Wochen auf der Intensivstation, er brauchte von Anfang an viel Zuwendung. Zu sehen, wie Charlie im Brutkasten kämpft und unbedingt leben will, das hat mich gerührt und mir vorgeführt, wie wertvoll und einzigartig das Leben ist. Mein Sohn braucht einen Vater, der für ihn da ist und Verantwortung übernimmt. Ich hätte nie gedacht, dass Mister Lässig, der in Flipflops durch die Welt schlenderte, mal gern Windeln wechseln würde. Aber nun ist es so.

Ich habe alle sieben Weltwunder gesehen, das war mein Ziel. Aber Charlie ist das wahre Weltwunder für mich, er ist der größte Adrenalinkick, den ich mir vorstellen kann. Ich bin bereit für ein

Leben, vor dem ich immer Angst hatte: Mit meiner eigenen Familie, zu der auch Jasmin fest dazuzählt.

Als ich Lisa kennenlernte, konnte ich es mir nicht vorstellen, ein Kind großzuziehen, dessen Vater ich nicht bin. Aber je mehr Zeit ich mit Jasmin verbrachte, umso stärker schloss ich sie in mein Herz. Jetzt hat Jasmin zwei Papas, und ich kümmere mich um zwei Kinder. Dass es ausgerechnet mich erwischt hat, der dafür bekannt war, dass er von Bett zu Bett zog und einem geordneten Familienleben nichts abgewinnen konnte, mag der besondere Dreh an dieser Geschichte sein. Im nächsten Jahr werde ich mir mein allerletztes Tattoo stechen lassen – es wird unser Ehering sein.

Manchmal ist es nicht einfach für mich, hier in Kamenz zu leben. In Sachsen tut man sich schwer mit dem, was man nicht kennt. Das Fremde gilt als diffuse Bedrohung, auch weil man sich nicht mit ihm beschäftigt. Der einzige Schwarze in Kamenz war lange Zeit ein Kubaner, der im örtlichen Swingerclub die gelangweilten Hausfrauen in Stimmung brachte. Auf unseren Straßen sieht man kaum Menschen anderer Nationalitäten. Ich habe Toleranz gelernt auf meinen Reisen, dass man auf andere zugehen und sie respektieren muss. Oft wurde ich eingeladen – gerade in den armen Ländern haben die Menschen das wenige, das sie besaßen, gern mit mir geteilt. Viele Vorurteile entpuppten sich als haltlos. Bei uns in Deutschland wird zum Beispiel mehr gestohlen als in Afrika. Ich bin freundlich aufgenommen worden von Menschen, denen man hier misstraut und feindselig begegnet.

Das muss ich manchmal meinen Freunden sagen, wenn sie behaupten, dass für Fremde kein Platz in Sachsen sei: Wer reist, ist überall fremd. Fast überall, wo ich war, sind die Leute entspannter und freundlicher als in Deutschland, obwohl sie viel weniger besitzen. Es ist typisch deutsch, zu glauben, dass man immer zu kurz kommt. Mit diesem Denken kann ich nichts mehr anfangen. Meine Welt ist größer und bunter geworden, und vielleicht gelingt es mir, Kamenz ein wenig lockerer zu machen.

Vielleicht kann meine Geschichte andere dazu animieren, ihre Träume anzugehen und umzusetzen. Jeder kann einfach losfahren und die Welt entdecken. Es ist leichter, als man denkt. Denn die Welt ist anders, als man es sich zu Hause vorstellt.

Es gibt viele Menschen, die mich wegen des Buchs belächelt und nicht an mich geglaubt haben.

Für diese Menschen habe ich das Buch aber nicht geschrieben – sondern für alle, die lieber über sich selbst lachen als über andere.

Für meine Freunde, meine Familie, meine Verlobte Lisa. Meinen Kindern Jasmin und Charlie wünsche ich, dass ihr später genauso um die Welt reisen könnt wie ich, offen für neue Kulturen seid und jedem herzlich gegenübertretet. Ihr gebt mir jeden Tag pure Lebensfreude. Ich liebe euch.

Mein Dank geht an: Rainer Schäfer, es hat Spaß gemacht, mit dir zusammenzuarbeiten. Den riva Verlag. Und allen anderen, die ich auf meiner Reise kennengelernt habe.

Um das Leben zu verstehen, muss man Fehler machen und Gefühlen nachgehen.

Euer Micha

272 Seiten
16,99 (€ D) | 17,50 € (A)
ISBN 978-3-7423-0082-9

Rolf Potts

Weltenbummeln – Vagabonding

Das ultimative Handbuch für Langzeitreisen durch die ganze Welt

Achtung, dieses Buch kann dich dazu verleiten, deinen Job zu kündigen, dein Haus zu verkaufen und dich auf ein ausgedehntes Abenteuer zu begeben!

Träumst du davon, dir eine Auszeit von der täglichen Routine zu nehmen, um die Welt auf eigene Faust zu entdecken, andere Kulturen und Länder kennenzulernen und deinen Horizont zu erweitern? Rolf Potts hat diesen Taum wahr gemacht und bereist seit vielen Jahren in langen Etappen die ganze Welt. In seinem internationalen Bestseller *Weltenbummeln – Vagabonding* erfährst du, wie man auch mit wenig Geld den Traum des Langzeitreisens leben kann und was es an Vorbereitungen braucht, damit dein Traum kein Albtraum wird. Profitiere von Potts reichem Erfahrungsschatz und erfahre, wie man solche Abenteuer finanziert, wie man auch unterwegs Geld verdienen kann und mit unvorhergesehenen Situationen am besten umgeht. Aber auch für das Zurückkommen und Sich-Wiedereinfinden in den Alltag hält Potts viele nützliche Tipps und Ratschläge bereit.

240 Seiten
16,99 € (D) | 17,50 € (A)
ISBNB 978-3-7423-0003-4

Tomislav Perko

1000 Tage Frühling
Wie ich fast ohne Geld um
die halbe Welt gereist bin

Tomislav Perko war als Aktienhändler sehr erfolgreich, bis er im Zuge der Finanzkrise 2008 alles verlor. Vollkommen pleite entschloss er sich dazu, sein Leben grundlegend zu ändern: Er wollte dem gewohnten Trott entkommen und Abenteuer erleben – und all das mit einem Budget von weniger als 10 Euro am Tag. Von Zagreb aus trampte er zunächst durch Osteuropa, dann folgten zwei Touren quer durch Nord- und Südeuropa, er veranstaltete ein Wett-Trampen nach Istanbul und schließlich verschlug es ihn bis nach Bangladesch. Er hat unzählige Male bei Fremden übernachtet, am Straßenrand gecampt und für Essen und Unterkunft gearbeitet.

In diesem Buch erzählt Tomislav Perko ebenso unterhaltsam wie inspirierend von den Erfahrungen, die er in dieser Zeit gemacht hat, und den Menschen, die ihm auf seiner Reise begegnet sind – Begegnungen, die sein Leben verändert haben und ihm gezeigt haben, dass die Welt voller Wunder ist, wenn man bereit ist, die Augen zu öffnen.

riva

288 Seiten
16,99 € (D) | 17,50 € (A)
ISBN 978-3-7423-0162-8

Tomislav Perko

1000 Tage Sommer

Von Kuala Lumpur bis
Malawi – mit weniger als
10 Euro am Tag

Tomislav Perko ist kein gewöhnlicher Reisender: Er schläft in den Häusern von Fremden, schlägt sich als Straßenmusiker durch, überquert den Indischen Ozean auf einem Segelboot, gerät im Iran mit der Polizei aneinander, wohnt in einem australischen Hippie-Dorf und lernt von Schamanen im Regenwald. Und das alles tut er fast ohne Geld. Nur wenige Euro am Tag gibt der Kroate auf seiner Weltreise aus, die ihn von Kuala Lumpur über den Irak, Australien und Ecuador bis nach Afrika führt – und beweist so, dass man keinen Reichtum, sondern nur Neugier, Mut und Offenheit benötigt, um fremde Länder, spannende Kulturen und faszinierende Menschen auf allen Kontinenten kennenzulernen.

Ein Buch für all jene, die die Welt bereisen möchten. Für alle Neugierigen, Träumer und Entdecker. Für alle, die ein kleines bisschen sind wie Tom – oder es gerne werden wollen.

riva

272 Seiten
16,99 € (D) | 17,50 € (A)
ISBN 978-3-7423-0068-3

Toni Riethmaier

Inside Saudi-Arabien

Mein Leben als Deutscher in einem der verschlossensten Länder der Welt

Denkt man an Saudi-Arabien, kommen einem schnell Scheichs, Öl-Reichtum, verschleierte Frauen und drakonische Strafen bis hin zur Steinigung in den Sinn. Doch über den Alltag in Saudi-Arabien weiß man so gut wie gar nichts, denn außer Mekka-Pilgern dürfen nahezu keine Touristen in das Königreich am Persischen Golf. Riethmaier lüftet den Schleier des Unwissens. Der aus Nürnberg stammende Gastronom hat zehn Jahre lang in Saudi-Arabien gelebt und gearbeitet. In seinem Buch erzählt er, wie es ihm in seiner Wahlheimat Jeddah ergangen ist.

Als »Expat« war er einerseits Teil einer großen Gemeinschaft von ausländischen Arbeitskräften, andererseits gelang es ihm, auch saudische Freunde zu finden und tatsächlich anzukommen in einem Land, das hochmodern und doch zutiefst in archaischer Tradition verwurzelt ist.

riva